這就是法國人

從食衣住行育樂了解法式生活

圖・文◎陳麗伶

CONTENTS > 目 錄

〈 編 輯 序 〉

法國人「認真地浪漫」

2003年，我決定在西班牙之旅的尾聲，轉搭火車赴巴黎遊覽，再從法國搭機回國。沒想到3月底的巴黎，氣溫居然比巴塞隆納低10度左右，讓我一下火車就凍得半死；接著找住處時，又發現巴黎的旅館價格幾乎是西班牙的兩倍……種種不順利，讓我巴黎之行的美夢稍有減損。

然而巴黎之美還是讓人難忘：印象中舉目望去處處精雕細琢，和西班牙狂野的美感截然不同。記得某個滿月的晚上，因為搭不到合適的交通工具，索性走一個多小時的路返回住處；在某個街角一轉彎，瞬時「萬神殿」迎面撲天蓋地而來──燈光投射下的白色圓頂襯在深藍夜空中，看起來大得出奇，讓我瞬間有被吸進去的錯覺，震懾不已，久久無法舉步離去……

10天法國之旅，我只待在巴黎一地，臨走前仍覺未能看盡這個城市菁華的百分之一。我心中暗自決定：將來不但要再度走訪巴黎及這個美麗國家的其他部分，而且一定要和親愛的家人同來，共享這份「美的驚奇」。

事隔多年，法國之旅一直無暇成行，直到編了這本書，也算是再續前緣。百分之八十以上的人，大概都會用「浪漫」來形容法國人，但看完這本書，相信讀者一定會同意：法國人的民族性格，可絕不僅是「浪漫」兩字可以概括描述。

「浪漫」讓人聯想到「任性而為」，然而縱觀法國的人地事物，哪裡可能只靠「浪漫」就能成事！事實上，法國人是「認真地浪漫」：非常非常「認真」地在做所有可以讓生活變得更浪漫的事。舉凡食、衣、住、行、育，他們各方面一點都不願馬虎，全要做到最好。就是這樣的執著，成就了法國

優美的硬體建設和豐富的人文內涵，然後法國人才在這樣美好的環境下，享受浪漫的「及時行樂」生活。

每個夢想享有「浪漫」、「快樂」生活的人，都應該把法國人這樣「認真」的生活態度，當成實踐夢想的必備座右銘吧！

「法式生活」真實寫照

無論哪一年的各國觀光統計數字，法國的旅客人數永遠名列前矛。如果有錢又有時間，你會想去法國一遊嗎？應該沒有人會說：「不想」吧！但不論你是要去法國短期旅遊、長期居留，還是只能「紙上神遊」……都應該先看看這本書。

法國人浪漫？優雅？驕傲？有品味？好美食？愛休假？這些刻板印象是對是錯，翻開本書便見分曉。這本書重點不在法國的美景、建築、歷史──那是「旅遊指引」該介紹的事；本書要告訴你的是法國的文化面：但不是深奧艱澀的那一種，而是法國人每天一起床就會遇到的柴米油鹽、生活細節；是你以遊客身分，永遠只能蜻蜓點水、淺嘗即止的純正「法式生活」！

法式大餐為什麼要吃兩、三個小時？賣魚賣肉都要「考」執照？上咖啡館「咖啡」卻不是重點？男友是大廚比男友是教授還炫？什麼行業靠「鼻子」維生且工作期間不近女色？穿舊衣還要考慮每年的不同流行？

聞名於世的巴黎鐵塔興建時遭巴黎人嫌棄？巴黎市中心區既看不到冷氣孔也沒有電纜？一家人住在7坪半的房子裡卻不顯擁擠？巴黎地鐵建在舊礦坑道裡？開名車最好別進巴黎市中心？學運和有薪假有什麼關係？

法國家長自己開托兒所？學童都不必上安親班？再窮的人生了病都能就醫？在法國夏天最好別生病也別生小孩？好友合買別墅、遊艇、城堡、咖啡廳，以便一起度假？法式歡宴「續攤」可以長達一週？

以上都不是奇聞軼事，只是法式「日常文化」中司空見慣的「瑣事」。法國朋友不見得會告訴你，因為這些事對他們來說一點也不稀奇；只有透過旅居國外多年的「同胞」之眼，才看得到這些文化差異所造成的生活特色。

就讓這本書扮演「任意門」的角色，帶著你悄悄溜進法國，享受真正「法式生活」的薰陶吧！

特約編輯　陳志民

法國人究竟是怎麼過生活的？

在法國生活了將近35年，比我在出生地台北生活更久！我很幸運地能夠認識居住在法國各地區的朋友，而且是真正深交的朋友，加上自己在法國旅遊文化界工作，與各行各業都有些接觸的關係，我從這些法國友人的日常生活型態，以及他們的舉止行為，了解到法國人的天性。他們各種型態的生活方式與想法在我的腦子裡轉了又轉，逐漸形成了這本書。

當我帶領華語旅行團參觀了法國博物館之後，團員知道了我老公是法國人，又有個半老法的兒子時，最常問我下面幾個問題。

「法國人浪漫嗎？」

許多人一想到法國，多半會從電影巴黎鐵塔為背景的美麗畫面開始：螢光閃爍的夜光，貼身晚禮服的窈窕美女，時尚新潮的紳士，裝潢高雅的餐廳，精美的餐具襯托出令人垂涎的美食……讓法國成了浪漫的代名詞！其實法國人與「浪漫」劃上等號，應該歸於法國文學傳述了他們的騎士精神，革命意識感，以及追求社會自由、平等、博愛的原則；這些法國精神被浪漫主義的小說呈現了出來。對我而言，法國人的浪漫是不停地在追求更上一層的生活品質，所以經過多次的社會運動之後，法國人擁有了5個星期的領薪假！法國人的浪漫是對傳統文化價值的熱愛，所以他們每個省分都有地方特色的美食，而且每個省分幾乎都擁有自己特色的葡萄酒。文化遺產是他們的觀光資產，所以他們對於地方古蹟的維修非常執著。

「法國人驕傲嗎？」

法國人的驕傲從法國國家動物的代表是「高盧雞」就可以說明一切了。我認為他們的驕傲，是自傲於傳承了法國文化歷史的一種

表現。畢竟17世紀在法國國王路易十四創建了凡爾賽宮之後，法國幾乎一直是西方文明流行的典範，不論建築、時尚或美食，一直都是走在流行的尖端。19世紀拿破崙幾乎統治了歐洲，也讓整個歐洲幾乎「巴黎化」！

我認為他們的驕傲也可以說是一種追求完美的表現：法國人對古老文明的仰慕，和追根究底的學習精神，那種驕傲讓羅浮宮成了世界文化藝術的聖殿！如果說法國人不屑說英文，是一種驕傲的表現，我覺得並非如此，那是因為他們的外語能力較差，加上帶了法式英語的口音經常被外國人嘲笑，更羞於啟口，反而得到了「傲慢」的偏見。

「法國人很懶嗎？」

為什麼法國人那麼喜歡罷工示威遊行，因為他們不想工作嗎？完全不是這麼一回事！如果沒有前人不斷的社會運動，法國是不會擁有今天如此完善的社會福利。不論醫療、教育、失業、退休等制度都是勞工階級不停地爭取才得到的。法國人完全不是一個懶惰的民族，而是一個有原則的民族。只要是做自己有興趣的事，勤奮指數自然會飆高。從時尚設計、工業發明創作、藝術文化推廣各方面來看，法國不落人後，位居領先地位的這一點就可以證明。

「法國人吊兒郎當嗎？」

法國人是一個嚴肅、同時又很幽默的民族。法國男女的魅力在於自身上散發出來的個性美；那種不在乎卻又執著的個性美。他們不是特別在乎時尚，卻一直是時尚的創作者。因為他們每個人都會利用時尚的一部分來表現自己，卻能同時保存個人獨立風格的味道。在西方世界，每個國家的人的樣子大部分都很容易被分辨出來，但是法國人的形象卻很難被下定義。一派什麼都不在乎、吊兒郎當的樣子，似乎是他們的形象，但其實傳統法國人基本上是嚴肅的，對自己的要求嚴格，對別人的要求自然也會很高。不過會在嚴肅中偶而來個自嘲式的幽默，這就是法國人的形象吧？

有了上述概念之後，我邀請各位讀者，慢慢從法國人食衣住行的態度中，去觀察法國人是怎樣在過生活⋯⋯

陳麗伶

◆陳麗伶

駐法旅遊美食達人。持法國文化部觀光局國家導遊執照，經歷27年法國國家美術博物館專業講解。

著有：《台灣食客法國戀曲》(麥田)
　　　《普羅旺斯味蕾地圖》(麥田)
　　　《開始遊法國喝葡萄酒》(太雅)

Alimentation

法 國 人 的 食

> 吃一頓飯需要3個小時：並非法國餐「難消化」，而是為了要極盡味覺、視覺和感覺三重效果的享受。

法國人重視「吃的藝術」

法國人吃飯的藝術，完全是受到羅馬時代「享受吃」的影響。他們究竟從何時開始重視享受吃的藝術呢？這必須從法國宮廷與皇室生活談起。

皇室般的食文化：三種感官享受

文藝復興時代，法國宮廷裡充滿文藝氣息。皇室為了享受吃飯的氣氛，找來詩人吟唱、樂師彈奏，又有地毯和壁布繪畫的鋪襯，餐桌上陶瓷與銀器的搭配，加上琳瑯滿目的美食，的確達到味覺、視覺，以及感覺上的最高境界。這般奢華的宮廷生活，自然容易影響到貴族和士紳對「食」的看法，廚師的地位更可想而知。

波旁王朝時代，吃的享受更達到令人歎為觀止的地步：路易十四在位時，皇室廚房裡需要300個人來為他準備餐食；光為了填飽國王的胃口，每天就得準備16公斤重的肉類！其他的食物更不用說了。路易十五本身對廚藝十分專精，還曾自創料理，其中他最出名的「羅勒葉雞」(Poulet au basilic)食譜，到今日還令人津津稱道！國王的寵妃龐

❶ 《法國路易十四國王餐宴》畫作。(圖片翻拍自Le Repas de Louis XIV 插圖)

❷ 夏天在鄉下度假時,邀請了村鎮鄰居來喝開胃酒;鄰居還特別帶了一隻自己親自醃製的大火腿來當下酒菜。

❸ 就算在家自己親手做菜,餐盤以及食物的擺飾也是「吃的藝術」的一環。

帕度(La marquise de Pompadour)夫人,為了滿足她皇家情人的味口,特別拜了當時最出名的大廚為師,親自下廚,才得以牢牢抓住國王的心;而她本身對藝術的熱愛,更影響了路易十五對文學及藝術價值的重視,創造出當時法國輝煌的黃金藝術時代。

到了19世紀末、20世紀初,有「美食王子」之稱的法國知名饕客兼評論家Curnonsky,將「食」的藝術帶進了文學界,替味覺享受做了最佳的詮釋。從此法國「吃的藝術」變成了一種傳統、一種聊天的話題,以及對生活享受最基本的要求。

「談天說地」也是重點

30多年前,我剛剛開始接觸法國人,接受邀請時,因為法文還不夠流利,總覺得自己猶如聾子兼啞巴。記得當時的用餐過程中,常常才進行到前菜階段,在座的朋友已經聊得天花亂墜,我的耳朵根本沒法子聽懂他們說些什麼,只能靠眼睛盯著每個人嘴唇動的速度,來決定什麼時候應該繼續動刀叉。

法國人生來就愛說話,一邊吃飯,一面還拼命講話,有時候光吃一道前菜,就能吃上一個多鐘頭;我則經常因為插不上話,而吃了太多前菜,等到主菜上桌時,已經吃不下了。整個飯局裡,我常常只能保持著優雅的笑容,手拿酒杯等在一邊;偶爾聽懂了一句話,正打算加入談話陣容,等到腦袋組成完整句子時,話題早已換了!經過一兩年的訓練後,我總算聽得懂內容,不再是個聾子;不過為了自尊,擔心自己突然插進去的一些

① 和朋友吃飯談的話題可以天南地北，從政治到生活上的小心得都能聊得起來

② 先在室外吃小點心，喝開胃酒。

法國餐桌上千萬別提私事

法國餐桌禮儀中最重要的一句話：「Bon Appétit！」(好胃口！)

在法國的餐桌上千萬記住：別提自己的私事，尤其是有關金錢或個人感情的問題，絕對要避免！

如果是一般的正式用餐，男士最常談到的話題是時事問題，女士則是交換一些生活上的小心得、小趣事等等；如果是朋友的聚會，談話內容則通常取決於參與者是什麼社會階層。最容易被接受的餐桌上話題，就是度假心得或是對吃的觀點；其他可能常會談到的，還包括政治話題、讀書心得、看過電影的心得，或是生活哲理等等。

法國人很好奇，對天南地北各類事情都有興趣；所以餐桌上的討論話題，只要不是個人的私密事項，通通都可以談個痛快。

較親近，或者雖為初交、但主人決定再繼續深交的朋友；因此，客人的名單與菜單的決定，都會影響到整頓飯的氣氛與時間。如果是泛泛之交，一般法國人只會約在咖啡廳裡會會面，或者頂多邀請到家裡來喝喝開胃酒而已；由此可想而知：能夠被法國人邀請到家裡吃飯，是意義多麼重大的一件事了！

辭彙可能造成誤會，會讓老公尷尬不已，所以還是保持著「啞巴的笑容」。

直到有一天，我突然鼓起了勇氣，趁在場其他人的嘴巴都還被食物絆住時，說出了幾句已經準備很久、頗具中國學者風範的言詞，讓在場朋友們目瞪口呆，馬上對我另眼看待。從此不但建立起說法文的自信心，也同時開啟了讓自己融入法國式「一頓飯吃3個小時」的樂趣之門！

法國人吃一頓飯的速度，會隨在餐桌上逐漸發展出來的氣氛而時長時短。一般說來，能夠獲邀到法國家庭吃飯的客人，多半是比

到法國人家中參加宴會時

正式宴會的禮節是：主人先邀請客人在前廳或戶外吃小點心配開胃酒，之後賓客才進入餐廳，正式入座。餐桌上，舉凡桌巾、碟盤、湯匙、刀叉、酒杯、餐巾，甚至桌上的擺飾等等搭配，都能顯示出女主人的品味。等到賓主全都坐定了，便開始依照前菜、主菜、起司盤、甜點等順序一道道地上菜。正式的婚宴、受洗宴或生日宴裡，通常會有兩道前菜，加上魚與肉兩道主菜；兩道主菜之

如果是泛泛之交，一般法國人只會約在咖啡廳裡

會會面，或者頂多邀請到家裡來喝喝開胃酒而

已；由此可想而知：能夠被法國人邀請到家裡吃

飯，是意義多麼重大的一件事了！

❷

間，還可能奉上消化酒(digestif，通常是酒精濃度較高的水果蒸餾酒)，讓客人的胃稍作休息，再繼續進行下去。講究的家庭，為了讓客人味覺上達到最好的效果，在每上一道菜的同時，還會搭配適合的葡萄酒，讓賓客能夠帶著醺醺然的情緒來享受美食，如此話題自然能融入菜餚的感覺。賓客之間，偶爾若討論到一些較激烈的話題，餐桌周遭氣氛會突然高漲，吃飯的速度自然也會緩慢下來，這時候女主人就得視當場的氣氛，來決定上下一道菜的時間。因此，在法國吃一頓飯的時間，通常會介於2～3個小時之間。

❶❷❸ 法國米其林高級餐廳的內外部裝潢與擺設
(照片由Lifestyle Catherine Laurent提供)
❹ 法國正式餐桌上已擺好刀叉，等著客人就位。

到正式餐館用餐時

　　在正式餐館吃飯的情況也相當類似：受過正式餐旅學校訓練的服務生，會遵照法國傳統餐桌上的規矩，先問過客人是否需要喝開胃酒；等開胃酒喝過後，才能將菜牌送上。這時候，只有主人看的菜單上會註明單價，其他受邀客人的菜單上都沒有價錢：這是高級餐廳必須遵守的規矩。

　　假如同一桌客人有人只是單點前菜或主菜，服務生上菜還是會依照前菜、主菜、甜點的順序一道道上，單點的客人必須順從其他套餐客人的上菜順序。高級餐廳的服務生會特別注意飯局的氣氛，假如客人吃飯的速度十分緩慢，服務生絕對不會從中打擾，同時還得隨時準備通知廚房準備下道菜的時間；這都是為了讓客人能在最好的氣氛下用餐，才能突顯出好餐廳的特色。

　　高級餐廳的服務生分為：帶位服務生、點菜、點酒服務生、上菜倒酒服務生，各人按照次序為客人服務。一頓餐吃下來，不僅價錢十分昂貴，時間也會很長，最主要目的還是為了要讓客人能夠享受到一頓真正高品質的「吃的藝術」。

③

Getting Ready

法國正式餐桌上的刀叉擺設

● **刀叉的用法：**應該先從最外面的刀叉開始使用；前菜用的刀叉形狀比主菜用的小，如果有湯，則會另外放上大湯匙。

等客人決定好主菜要吃魚或肉之後，服務生會再將桌上擺好的主菜刀收走，換上切肉刀或切魚刀。切肉刀通常頂端較尖長，而且有些小鋸齒；切魚刀則有點像一隻平底的長橢圓形湯匙。

甜點用的刀叉或湯匙，則是在吃完乳酪，等服務生清理完桌面上的麵包屑之後，才會擺設上去。

● **杯子方面：**桌面上最大的杯子為喝水之用，體型較小、圓胖而杯口寬大的是紅酒杯；另外體型也較小、但瘦長又略呈橢圓形的是白酒杯。以上這些，都是正式用餐時需要注意的禮節。

④

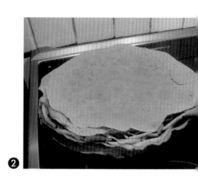

法國人保存地方菜的傳統

法國菜的精華，在於各地方有其地方菜的特色；不了解法國的地方特性，絕對無法領悟法國菜之奧妙。

❶ 法國典型的野餐簡食：火腿、麵包加上葡萄美酒。

一般人到法國旅行，會特別注意到法國菜式的多變，這原因在於法國是全歐洲最多鄰國的國家。由此可以推想得知：只要臨近歐洲其他國度的省分，文化與傳統自然與鄰接國家相當接近；加上法國瀕臨海岸的省分也不少，濱海省分與內陸省分的菜色，當然都有些差別；所以法國菜的種類繁多，口味也各有千秋。

多采多姿的法國菜

以法國西北部諾曼地(Normandie)省為例：當地畜牧業發達，乳製品相當出名，菜色多以奶油、鮮乳醬為主。同樣也是靠海的諾曼地鄰省布列塔尼(Bretagne)，土地雖遼闊空曠，卻相當貧瘠，所幸海岸線既長且遠，海產類豐盛，因此當地菜色多屬清淡的生鮮水煮料理；但此地雖然土地貧瘠，卻盛產黑麥，所以用黑麥麵粉做可麗餅的可麗餅餐廳

❸

❷ 布列塔尼 (Bretagne) 地區的特產：黑麥可麗餅 (Crêpe)，視個人喜愛的口味，可以夾火腿、蛋、起司等。

❸ 阿爾薩斯的特別菜：酸白菜香腸薰肉 (Choucroute)，一般法國人都會沾芥茉醬一起吃。

(Crêperie)現已傳遍全法國。

另外，法國越來越出名的東部阿爾薩斯省(Alsace)，因為毗鄰德國，因此口味類似德國人，偏重食用薰醃豬肉或豬腸類；蔬菜方面則偏重馬鈴薯和酸白菜，家喻戶曉的酸白菜香腸薰肉(Choucroute)，就是當地最出名的菜式。

還有法國東南部的地中海海岸線一帶瀕臨義大利，當地人也和義大利人一樣，喜好麵食類和番茄醬式的料理。至於法國的西南部庇里牛斯山(Pyrénéen)地區，因與西班牙相鄰，口味幾乎和西班牙人相同，喜歡鹹重的味道；加了藏紅花，用海鮮、雞肉煮出來的海鮮飯，自然也是當地的著名料理。

而法國北部的里爾省(Lille)，因為接近比利

時，啤酒業相當出名，傳統菜多使用啤酒為做菜佐料。至於勃艮地(Bourgogne)地區，雖然靠近南德，但反而是當地的料理影響了德國；因為葡萄酒出名，料理中總不忘葡萄酒，因此菜色多偏用葡萄酒醬。其他法國各省分的料理，都受到各自先天條件的影響，因而造成法國菜式的多樣性。

地方特色決定地方菜色

法國的地方文化十分保守，因為法國人相當熱愛自己的地方傳統文化，許多地方菜色都取決於當地的特產。其中比較特別的是庇里牛斯山上的巴斯克區(Le Pays Basque)：當地特產形狀細長、或甜或辣的青紅椒，叫做「Piment d'Espelette」；這種青紅椒風味獨特，本地菜色的醬料裡大都混了這種椒。

這裡的名菜巴斯克雞(Poulet Basquaise)，現在幾乎出現在每個餐廳的菜單上；這道

> 法國各地的名菜一般與當地特產或民情脫不了關係；因此，不了解法國的地方特色，是無法真正進入法國美食殿堂的！

❶

菜特殊味道的祕訣，就完全出在當地特產的青紅椒身上。此外，當地人以航海為業的祖先，曾將南美洲的可可粒引進法國；所以巴斯克區用原味黑巧克力醬做出來的地方名菜，在法國也是首創。

法國地中海地區中最出名的普羅旺斯省，生活享受堪稱一流。因為當地盛產香料，因此菜色香料味十足；法國香料中有一款名為「普羅旺斯香料」(Herbes de Provence)，就是混合了普羅旺斯多種不同香料而得此名，法式烤肉可是絕對離不開這種香料的。

普羅旺斯最為普遍的一道家常菜「Rata-touille」，在迪士尼電影公司創造出那隻名廚鼠「Rémy」之後，成了家喻戶曉的名菜！這道菜在當地婦女間代代相傳，用的是普羅旺斯的特產：洋蔥、筍瓜(courgette)、西洋茄、番茄，再加上大蒜、羅勒葉、橄欖油之後，再用或煮或烤的方式，做出這道美味的家常菜來。

法國其他地區還有許多不同的名菜，全都各有千秋；各地的名菜一般與當地特產或民情脫不了關係；因此，不了解法國的地方特色，是無法真正進入法國美食殿堂的！

普羅旺斯著名地方菜

好友賈姬住在靠近西南部的艾斯普羅旺斯(Aix en Provence)，她和她先生吉哈所組織的家庭十分傳統，是道地的普羅旺斯式家族。

法國普羅旺斯省到了19世紀，有些地區還是屬於義大利的領土，因此飲食習慣仍然保存義大利的傳統。吉哈的祖先從義大利移民到法國來，現在是五代同堂；家族裡的傳統習慣，一直傳承到年輕一代，幾乎沒有人離鄉背井；從祖父到曾孫子輩，統統住在距離不出500公尺的方圓範圍內。每一個家庭各自擁有一個大菜園，不論是否為上班族，都自己種植蔬菜。

❶ 賈姬的普羅旺斯tian盤。

❷ 波爾多當地抓七鰓鰻的特殊平底船。

❸ 在水中游動的七鰓鰻。

❹ 七鰓鰻嘴型呈吸管狀，滿口的小尖
　齒，都是為了攀附吸血用；後面掛的
　兩條鰻正在滴血。

❸

　　賈姬平日照料菜園，但菜園裡只種當地特產的蔬菜；可想而知，在她家吃得到的菜餚，絕對保證是當地料理。吉哈照顧的是祖先留給他的70多株橄欖樹，所以他們家用的橄欖油，全是自己生產的。賈姬做的普羅旺斯家常菜一流，她也相當引以為傲，為了讓我了解當地菜，還特別送了我幾本普羅旺斯地區的傳統食譜，其中以「tian」這種用特殊陶盤燒烤出來的菜色最具特色。

　　賈姬告訴我：每個普羅旺斯家庭的廚房裡，都擁有不同式樣的「tian」(所謂「tian」專指陶土製的不同樣式烤盤。普羅旺斯婦女把混合了不同種類蔬菜，有時也會添加一點肉類，再一起放在這種陶製烤盤裡烤煮出來的菜，都稱為「tian」料理)。最普通的做法，是在烤盤內抹上少許橄欖油，放入大蒜及羅勒葉，將各類蔬菜切成薄片，順勢排整齊，另外還可以混點羊肉或小牛肉(通常以白肉居多)，一起烤煮——這就是在賈姬家餐桌

上經常出現的普羅旺斯「tian」料理了。

越陳越香的波爾多名產 —— 可不只是酒

　　法國西南部波爾多(Bordeaux)酒鄉附近，住著我的好友摩摩，他幾乎年年都報名參加當地非常奇特之名產「七鰓鰻」(la lamproie)的烹飪比賽。這種從古希臘羅馬時代，就已吸引無數老饕垂涎的原始魚，烹調方式人人各有自己的一套；而使用波爾多名產葡萄酒慢慢熬燉出來的「波爾多式七鰓鰻」(la lamproie à la bordelaise)這種做法，是法國最傳統的烹調方式。

　　七鰓鰻的生態非常特別，它是一種生長在波爾多吉隆(Gironde)河裡的吸血魚，嘴部呈吸筒狀；幼魚用尖銳的細齒，攀附在大大小小種類不同的魚身上吸血維生，且會隨著被攀附的魚，一路游進大海繼續成長；到了交

❶ 最容易吃到的法國菜──牛排加薯條。

配期,才從大海再游回吉隆河內產卵;成熟的七鰓鰻身長可以超過1公尺以上。因此,吉隆河每年春天都盛產回鄉產卵、既大又肥的七鰓鰻;波爾多漁夫使用特殊的平底船,從河底撈魚上岸,活跳跳地養在大水槽裡。

識貨的當地人直接到漁夫家裡採購活魚,回到自己家後,趕快在活生生的魚尾部位劃上一刀,讓魚身上的血,慢慢滴在混了當地名貴金黃色甜酒(Sauternes)的盆子裡,將血酒保留起來。鰻魚肉的部分先去皮,清除污垢之後,切成塊狀,再用醃豬肉、長白蒜、紅酒等一起燉煮數小時,最後混入血酒,直接放進真空罐內;真空罐用蒸氣殺菌之後,就成了著名的「波爾多式七鰓鰻」罐。

在波爾多知名的餐廳中,這道著名的前菜,至少要價25歐元以上。摩摩告訴我:傳統的波爾多家庭地窖裡,經常可以看到不同年分的七鰓鰻,和不同年分的好酒擺在一起儲藏老化。據說,製作完善的七鰓魚罐可是越陳越香,有的甚至可以保存20年以上!

最容易吃到的「法國菜」?

我提出上述幾種頗具地方色彩的法國特產,是希望能改變那些對法國菜的認識,只局限在牛排和薯條(Steak frites)者的看法。其實,法國人是在18世紀時代以後,由農業專家巴孟堤耶(Parmentier)先生將馬鈴薯從南美洲引進法國之後,才真正認識馬鈴薯這種植物。

馬鈴薯的種類百百種,可以用煎煮炒蒸各種做法,其中有一種最適合油炸。法國最愛吃炸薯條的省分,是在法國北部靠比利時邊境的幾個城市;當地有許多路邊攤,專賣炸薯條配香腸、熱狗和啤酒,在地上班族的午餐,通常都是在這些攤子上快速解決;不過現在在法國各省任何一家啤酒屋(Brasserie)或簡餐咖啡廳(Café)的菜單裡,都一定會出現「牛排薯條」(Steak frites)這道菜,真的可以說是唯一一道在法國任何地區都能吃得到的「法國菜」吧!

學做法國普羅旺斯家常菜 「番茄鑲肉」(Tomates Farcies)

鹽、胡椒少許
西洋香菜1小把

8粒大小均勻的圓番茄

800公克豬後腿肉
(或用小牛肉400公克
混合豬肉400公克)

大蒜3粒

洋蔥1粒

❶ 肉切小塊,洋蔥切絲,大蒜切細。

❷ 以上材料與香菜、調味料混合,一起用攪拌機攪拌成餡。

❸ 番茄切下頭蓋,挖空內部備用。

❹ 將餡料一一鑲入淨空的番茄內,堆高,蓋上頭蓋,放入預熱220度左右的烤箱中。

❺ 烤40分鐘後取出。

❻ 配上白飯食用,也建議搭配味道濃郁的紅葡萄酒。

法國人保存地方菜的傳統 23

❶ 世界馳名的法國馬卡龍專賣店La Durée。

❷ 肉店大招牌。

❸ 在巴黎這個大都會,可以看到各種類型的糕餅店。

❹ 法國畜牧業養在戶外自由自在的飼養豬;這些豬隻,最後都必須由持有執照的屠宰師宰殺,再經由香腸臘肉熟食製作師之手,才能變成法國餐桌上的美食。

❺ 法國諾曼地地區特別採用木製乳酪盒盛裝的牛奶糖。

❻ 法國一般通俗的糕餅點。

❼ 臘肉熟食店內掛了各樣的大火腿。

法 國 人
開店的專業
理 念 與 態 度

法國人的個性實事求是,只信任專業知識。在法國,擁有完整專業知識和豐富經驗的商家,絕對是門庭若市。

在法國任何大小城鎮的市中心,都能看到麵包店(boulangerie)、肉商(boucherie)或花店(fleuriste)的標誌;比較講究吃的大城市,還可能看到糕點店(pâtisserie)、巧克力店(chocolatier)、或者臘味製品熟食店(charcuterie)。一般小鄉鎮會將麵包店和糕點巧克力店混在一起,而肉商則會和熟食店放在一起;通常只有在大城市或漁港區,才容易看到魚店(poissonnier)的標誌。

❶

❷

慵懶法國人？開店講究證照與專業

　　在法國，任何糕點麵包店、魚店、肉店、花店，店家都有專業證書執照才能開業。高級餐廳的廚師、服務生和選酒師，也都要有專業證書才能工作。

　　舉凡糕點師、熟食烹飪師、廚師或殺魚師、屠宰師等食品業界人士，在職校畢業之後，都要考取一張專業證書，稱為Certificat d'aptitude professionnelle(簡稱CAP)，才有工作的權利；而且有了這張專業證書之後，才可以申請開業執照。這些專業人員都歸屬法國商業公會(Chambre commerciale)管

理；想要創業的人，或是專業店面的交易買賣廣告，都會公布在公會的布告欄上，一般報章雜誌很少刊登專業性的廣告。

　　在法國，只有身在專門行業之間，才有買賣店面的機會；這些制度都是為了保存專業知識而定的。所以別小看這些食品手藝人才，他們在法國的地位，並不亞於擁有學士學位者、或是專攻財經之類的商業專家。

❶ 熟食烹飪師的料理。
❷ 法國菜是味覺視覺並重，要取得廚師證書並不容易。
❸ 法式早餐：可頌與法國麵包配咖啡或茶。

現代學徒制

　　說起這些法國食品手藝家的學習過程，可
說是十分特別。

　　法國的孩子在讀完中學後，有些家長可以
看出自己的孩子並不適合繼續唸書，或者有
些孩子自己本身對食品手藝特別感興趣，則
會自動選擇進入食品專業學校。食品專業職
校的項目包括：肉類屠宰(boucher)、熟食
製造(charcutier)、魚類食品(poissonnier)麵
包師(boulanger)、蛋糕師(pâtissier)、廚師

(cuisinier)、餐飲類服務生(serveur)、選酒師
(sommelier)等等。這些食品類專業學校的學
生，在學習期間必須找到實習工作，有了實
務的經驗，才能參加畢業專業鑑定考試。這
種學習觀念，是沿自法國一貫的學徒制(sys-
tème d'apprentissage)。

　　早期，當法國還沒成立專業職校之前，各
地方的食品手藝業界必須自己培養學徒。這
些學徒可以說就是長工，由店家供應學徒吃
住，讓這些未成年的孩子們一面學習、一面
工作；直到孩子們能獨當一面後，或者讓他

❸

們自己出去找別的工作，或是繼續留下來變成店家的合作夥伴。這些孩子們經過多年的實務訓練，得以延續師傅的手藝，保留傳統技巧，一代接著一代，將法國這些美食專業知識保存下來。

這方式流傳到今天，就成了專業職校的基本概念：即使是專業職校的學生，仍然必須經過實習訓練之後，才能參加考試；最後才能成為真正的專業人才。

熟食店也需「代客泊車」！

在法國許多麵包店前，經常排了一條長長的人龍；客人耐心地等待，只為了嘗一口新鮮美味的麵包。「Le Nôtre」店裡賣的蛋糕價錢簡直令人咋舌，每天還是照樣門庭若市。像「Fauchon」這種名牌熟食店，每逢聖誕或過年節慶期間，店門口排滿了穿著貂皮大衣的貴婦人潮，熟食店還會特別雇請穿制服的專人，專門替這些貴婦們停車！

法國的名廚或糕點師常有機會到全世界開班授課，鐘點費和任何特殊科技的名教授相較也毫不遜色。有錢人想嘗嘗世界名廚做的菜，關係再好也得提早訂位。在法國有多少書籍、雜誌、導覽的出版，內容就只是在分析或評鑑各類美食手藝的等級與好壞，由此可見法國老饕對於「吃」早已成精了！這些都得歸功於法國人對這類專業人士的尊重，以及對「吃的藝術」的推崇！

> 法國人上餐廳的傳統習慣，都是由服務生建議點菜及點酒，餐廳裡若雇用到一個知道如何安排打點，才能符合顧客內心理想口味的服務生，會比花大錢做廣告還划算。

專業服務＋廚藝＝客似雲來

　　至於選酒師和餐飲服務生，也是「吃的藝術」上相當重要的一環。

　　法國人對餐廳好壞的評語，不只在菜色而已，還包含服務品質；另外，餐廳所提供的葡萄酒也相當重要。每當法國人開口對朋友推薦某家餐廳時，總會說道：「某某餐廳的菜不錯，服務還算好，餐廳的酒窖還不賴……」而法國人提到的餐廳酒窖(La cave du restaurant)，指的並非是酒窖的老舊美醜問題，而是餐廳選酒師(somme-lier)替餐廳選購酒單的好壞。法國人上餐廳的傳統習慣，是由服務生建議點菜及點酒，餐廳裡若雇用到一個知道如何安排打點，才能符合顧客內心理想

口味的服務生，會比花大錢做廣告還划算。

　　因此，一家餐廳門庭若市，有時不見得完全是廚師的功勞；餐廳的整體服務受到好評，才是永續經營的成功要素。此外，餐廳所雇用選酒師的好壞，也是餐廳出名與否的因素之一；例如法國著名的「美心」(Max-im's)餐廳，就是以酒窖裡的藏酒而出名的。許多人去此餐廳吃飯，最主要的目的是為了喝這餐廳酒窖裡的藏酒；所以餐廳當然願意出高薪聘請經驗老到的選酒師了。

1

參加宴會帶什麼當「伴手禮」?

葡萄酒是法國人最普遍的飲料,任何一個法國家庭都會準備一些葡萄酒,藏在地窖裡,以應付上桌吃飯時突然沒酒喝的窘境。一般而言,受到任何法國家庭的邀請,客人都應該帶點「伴手」赴宴,而最通俗的伴手禮,就是攜帶一瓶葡萄酒。不會選酒的人,最安全的選擇就是波爾多葡萄酒;因為波爾多是法國最出名的葡萄酒產區。

當地的頂級葡萄酒,例如:Château Latour、Château Mouton-Rothschild、Château Margaux、Château Pertruis、Châteaud'Yquem 等名牌,都有可能是法國富豪或名流世家地窖裡的收藏,不過價碼當然十分高昂;一般人能買得起的波爾多葡萄酒,大概只有類似

Saint-Emilion之類,但是這種等級的葡萄酒,已經足夠讓主人眼睛發亮了。再不然,也可以選擇品質與價格較相當的盧瓦河畔或隆河谷葡萄酒,這些也是法國人參加宴會時最常攜帶的伴手酒。

❶ Château Margaux從17世紀就成立的酒窖;桶內的頂級葡萄酒,早在葡萄成熟時就被顧客訂光了,但顧客們必須等到葡萄採集、發酵、放入這些橡木桶裡,老化2年後裝了瓶,才能真正拿到手。

❷ 這些正在裝瓶和包裝的酒,是在酒堡地窖裡酒化之後,早已全都被收藏家買下來的2007年份頂級Château Latour葡萄酒。

❸ 在Château Latour的品酒室裡,與接待員一起品嘗2007年份新上市的葡萄酒。

❹ 堆滿價值連城之Château Margaux葡萄酒的頂級酒莊酒化地窖。

❺ 頂級Château Margaux酒堡本身的收藏酒窖,其中最老的酒可以追溯到18世紀時代;裡面的藏酒,正是法國總統府招待外賓餐桌上之必備品。

> 咖啡的好壞，並非最重要的選擇標準，場所地點才是法國人喝咖啡的重點。法國的咖啡廳，可以說是法國人的精神調劑要素及社交活動中心。

❶ 咖啡廳裡談話熱絡。
❷ 站在咖啡吧台前喝一杯咖啡，只為和鄰居或Barman聊聊天。
❸ 非常不起眼的通俗社區咖啡廳，常客幾乎都是住在同一區的鄰居，可以說是社區消息的傳聲筒。
❹ 兼營酒吧的咖啡廳。
❺ 大都市中比較具有特色的咖啡廳。

法國人享受喝咖啡的文化

坐在露天咖啡館喝咖啡的用意並不在喝咖啡，而是享受偷得浮生半日閒的逸趣。

❶

咖啡廳對法國人的意義，是一個約會的地點、一個討論事務的場所、一個社交場合。

咖啡文化影響歷史

法國的咖啡文化起源於17世紀末，當時的商船將南美洲「咖啡」這種飲料引進法國社會，之後巴黎在1680年出現了第一家咖啡廳「Le Procope」。這家位於塞納河左岸的咖啡廳，由於地點接近巴黎的政治文化中心地帶，吸引了許多政治家、文學家和藝術家來此地聚會；到了18世紀，這裡便成了第一家「文學咖啡廳」(Café Littéraire)。

當時最出名的哲學家伏爾泰(Voltaire)，就是在這家咖啡廳裡想出「百科全書」的計畫；而哲學家盧梭(Jean-Jacques Rousseau)亦是這裡的常客。到了法國大革命時

代，著名的革命英雄們也是在這家咖啡廳裡聚會，一起研討出整個革命的倡導論調。這種傳統習慣，引導出法國人到咖啡廳裡吃點簡餐、聚會討論的風氣。

喝咖啡，重點不在「喝」也不在「咖啡」！

有些法國人到咖啡廳喝咖啡的目的，卻是「醉翁之意不在酒」。法國大城市的居住條件不佳，空間非常窄小，對法國的都市人來說，咖啡廳的存在十分重要；法國人在咖啡廳吃早餐的目的，常常只為了不想面對孤孤單單的自己。站在吧台前喝咖啡的都市人，彼此之間都是陌生人；每個人的習慣，都是先看看咖啡廳供應的報紙，了解當天的新聞，才能引出和同在喝咖啡其他人交談的話題。一天如此開始，讓孤獨的都市人有種接近社會的親和感，產生與他人接觸的熱情。

在吧台前喝咖啡的法國人，有的只和Barman對話，有的則會找話題和身畔陌生人聊聊天。有的人非常多嘴，一看到人就說個不停；有的人則比較拘謹，只會面對著自己的咖啡，聆聽別人談話。不過，在這些無意識的話題中所得到的靈感，可能會讓有些人一整天得益，甚至可能影響一生最重要的決定；這就是法國人喝咖啡的哲學。

❶ 中午也提供簡餐的咖啡廳。

❷ 巴黎運河畔，一間間咖啡廳在暮色低垂下、燈光朦朧迷人的景觀。

為著陽光選「露天」

法國人平均一年大約只能享受到6個月的陽光，因此，法國人對陽光的需求，可以從露天喝咖啡或吃飯的習慣上看出來。法國人認為陽光會讓人體產生某種樂觀的激素，他們認為南部人比較熱情的緣故，就是因為有幸能長期在太陽光下生活。法國處處可見露天咖啡廳，因為大部分的法國人都非常喜歡戶外活動；不論是從前皇室舉辦的大型歡宴，

或是當今一般婚宴的舉行地點，多半都選擇在室外的花園；所以在露天之下吃飯、喝咖啡，幾乎成了法式生活文化的標誌。

不論是在陽光下獨自喝咖啡、尋找寫作的靈感；還是眼光左右掃射、尋覓漂亮美女、心不在焉地喝著咖啡；或者和幾個談得來的朋友天南地北地漫談；甚至簽合同、決定重要事務；都有可能是在咖啡廳裡完成的。咖啡的好壞，並非最重要的選擇標準，場所地點才是法國人喝咖啡的重點。

台灣人耳熟能詳的河左岸咖啡廳「雙叟」(Les deux Magots)或「花神」(Le Flore)，都是因為地點的關係，而吸引到許多觀光客。每年春夏時節，這些知名咖啡館外面的桌子，永遠坐著滿滿的人潮。只可惜這些「名牌」咖啡廳的服務生，為了想讓更多觀光客有機會感受一下在巴黎喝咖啡的氣氛，總是在客人一杯咖啡剛進肚子的時候，就馬上將杯子收走，然後在客人面前盯著，等待他們

TABAC咖啡廳

　　法國的咖啡廳外如果還加上TABAC的標誌，就表示此咖啡廳同時也兼具香煙亭的功能。法國一般的TABAC咖啡廳不只賣香煙，也同時賣郵票、印花稅票以及各式電話卡；還有一種特殊的TABAC咖啡廳，可以在那裡簽樂透、買彩券或賽馬券。

　　第一次世界大戰之後，法國因為戰爭而產生太多殘障軍人，政府擔心這些殘障退役軍人沒有謀生能力，為他們特別訂了一個條例，讓殘障退役軍人有優先開TABAC的權利。早期咖啡廳還沒有禁煙時，許多法國人喝咖啡時也同時想抽煙；為了方便客人起見，一些咖啡廳乾脆將一小塊店面分租給TABAC使用，到後來幾乎變成一種傳統，到處都可看到這種TABAC兼咖啡廳.

一般社區裡兼賣樂透彩券的
TABAC咖啡廳。

再點些東西。倘若真想好好享受這些名咖啡廳的陽光，最好的方法，就是花一小時的時間，慢慢喝完面前的咖啡，否則這「浪漫」的咖啡價，將會非常昂貴！

上咖啡廳趕走寂寞

　　法國咖啡廳也是一個公共社交的場所，有些咖啡廳還會特別主辦一些文化藝術活動。譬如有些咖啡廳肯讓一些既無經濟基礎、又沒有畫廊管道的藝術家擺設作品，讓他們既有機會公開展示作品，也有機會賣出自己的作品；還有些咖啡廳晚上會邀請一些樂團駐唱，但咖啡廳只是提供表演場地，讓來喝咖啡的客人，可以順便欣賞表演。表演者旁邊，通常會擺置一個小籃子，讓聽眾隨意給點錢，作為演唱收入。這種自助式的演唱或演奏會，不僅可以鼓勵一些無名的音樂家嶄露頭角，也可以為咖啡廳招攬生意。有些咖啡廳一到週末就人潮洶湧，熱鬧非凡；音樂從咖啡廳裡傳到街道上，加上站在街上手握啤酒杯、一面抽煙(法國所有的餐廳或咖啡廳內都禁煙)一面欣賞音樂的人潮，讓整條街上常常都吵得不可開交！

　　另外還有一種比較安靜的咖啡廳社交活動，那就是文學討論聚會。通常都是在週末下午舉辦，咖啡廳負責邀請一些名作家或文學家來主持活動，在場的參與者各點各的飲料；咖啡廳只賺取飲料錢，其他活動費用則由參加者自行負擔。各種不同形式的文學研討會，有的是文學講座；有的是讀書心得討論會；有的是哲學觀點討論會；有的則是戲劇研究等。這種週末文化，可以讓一些害怕週末需面對自身孤獨的都市單身漢，有機會認識其他有共同嗜好的朋友。

　　法國的咖啡廳，可以說是法國人的精神調劑要素及社交活動中心，所以「咖啡文化」在法國實在是太重要了！

❷

法國人吃乳酪

「法國人在一年裡，每一天都可以吃到不同種類的乳酪……」從法國前總統戴高樂的這句名言，可以得知法國至少生產365種以上不同口味的乳酪。

法國乳酪不僅是法國人吸收鈣質的最直接來源，也是法國農業最重要的財源。

每餐習慣必備的食物

人類的體質需要許多「鈣」，而鈣質最主要的來源還是乳製品。法國人很重視食物的均衡，從小就讓孩子習慣吃乳酪，是為了讓孩子的骨骼健全。法國正式餐宴裡，吃完了主菜之後，習慣一定還會再吃各類的乳酪，因此，乳酪的消耗量十分可觀，對法國的農業經濟效益有很重要的影響。

說到習慣，還記得20多年前我帶華語旅遊團到法國餐廳吃飯時，只要端上乳酪就幾乎全盤原封

❶ 法國超市內的乳製品，包括各式各樣的優酪乳、奶油、乳酪等等，滿滿占了一整個冷藏櫃。

❷ 法國生產乳酪的畜牧牛羊種類。

❸ 法國人食的三劍客：「Le Pain、Le Vin、Le Fromage；麵包、葡萄酒、乳酪」，這三味加起來真的是「味蕾的極品」。

❸

「起士」乎？「乳酪」乎？

「起士」和「乳酪」究竟有什麼不同呢？答案是：沒有什麼不同！

「乳酪」是意譯，「起士」是音譯，而且是英文「cheese」的音譯；若是用法文、西文、德文……等其他語言念出「乳酪」這個字，聽起來可就和「起士」成了八竿子也打不著的兩回事了。原則上「乳酪」才是比較好的譯名，但若遇到一些慣用的詞組，例如「La Fondue」(乳酪火鍋)，一般俗稱「起士鍋」，為了和別人溝通方便，可能「起士鍋」還是比「乳酪鍋」聽起來順耳些。

一般人照相時喜歡說：「Cheese！」，是因為念這個字時會咧開嘴角，展露笑容，其實和「乳酪」的原意一點關係也沒有；這時候如果改說：「乳酪！」……那……大家可能都笑不出來(或者是笑到東倒西歪)了！

Do you know……

不動地再被收回去，餐廳總以為是他們的乳酪不好吃。讓客人不滿意！父母親第一次和住在諾曼地省的公婆見面時，母親為了讓婆婆高興，曾經含水吞下了生平第一口Camembert，之後為了不讓母親有骨質疏鬆的問題，只要有機會就帶點不同味道的乳酪回台灣讓她品嘗。現在她對法國的乳酪不但很喜歡，並且吃得相當有心得。

而且最近還特別注意到一件事，一般亞洲團體在法國餐廳吃飯，乳酪盤不再被原封不動的搬回去了！表示新一代亞洲人已經開始習慣也喜歡吃乳酪了。

乳酪百百種

乳酪(Fromage)是讓畜牧動物的奶發酵後製造出來的農產品。乳汁發酵後，水分逐漸蒸發，變成塊狀；經過長期風化乾燥，逐漸形成固體狀態，這就成了乳酪。新鮮的乳酪比較軟滑；越陳則越硬，風味也越重。法國的農產品中，畜牧業製品占了相當重要的比例，因此，幾乎每個地區都會生產具有地方特色的乳酪。如果真想將法國乳酪全部寫出來，必須用一整本書的篇幅才能寫得完整，現在我只能大致提出一些法國比較普遍的乳酪，供讀者參考。

法國每個地區生產的乳酪，口感都不太一樣，而吃乳酪的習慣也各有千秋。最特別的可能是靠比利時邊境的省分：那裡生產一種軟綿綿卻臭得出名的牛乳酪Maroilles，是當地早餐的特色。當地人習慣用麵包夾這種乳酪，再沾配黑咖啡吃；我也曾嘗試過用其他不同種類的乳酪沾著咖啡一起吃，味道的確很「特別」；然而若是加上這種味道本身就臭到難以下嚥的Maroilles，那種經驗與口味，對我來說真叫做「自虐」！

> 法國的農產品中，畜牧業製品占了相當重要的比例，因此，幾乎每個地區都會生產具有地方特色的乳酪。

香軟溫和的軟乳酪

諾曼地省的乳製品是全國最出名的，其中以牛乳酪Camembert為首，幾乎是家家必備。由於諾曼地出產許多種乳酪，因此有些乳酪乾脆用地名做為乳酪名稱，例如Camembert就是當地一個小鎮的名字。這是19世紀時的一個村婦發明出來的，外觀呈直徑15公分左右的圓餅狀，表面帶了一層白色的軟皮；內部鬆軟或呈乳液狀，乳味十分香

濃，入口即化。與這種口味相類似的乳酪，在諾曼地比比皆是，例如外表呈愛心形狀的Coeur de Neufchâtel。

還有一種外觀呈正方形，比較老臭的乳酪Pont l'Evêque，它的表皮必須老化成為金黃色，內部則老化到呈乳黃色的固體狀；另外還有老臭程度至極，幾乎到了「臭氣沖天」地步的Livarot乳酪等等；這些都是諾曼地省最著名的乳酪。

巴黎也生產乳酪；巴黎近郊的Meaux和Melun兩地生產一種叫Brie的乳酪，質感口味都與諾曼地的Camemberts相似，也帶了一層白色的軟皮，但外形體積卻是巨大型的圓餅；乳酪店只秤重零售，沒有單獨包裝。這類乳酪在法國的高山地區生產，例如阿爾卑斯山上出產的Saint-Marcellin，或是盛產於法國火山群中的Saint-Nectaire；它們都有白色或泛黃的外觀，發酵老化的時間比較短，內部還保存了軟軟的酪狀或液狀；外皮吃起

來像豆干皮，咬下去裡面的質感卻是軟綿綿的乳酪；法國人將這類的乳酪統稱為「軟乳酪」(Fromage à pâte molle)。

在這些軟乳酪中，我認為瑞士邊境Savoie省出產的Reblochon乳酪口感最柔順；乳味雖然十分濃郁，聞起來味道卻不會太重，比較適合亞洲人的口味。

卡通老鼠的最愛：硬乳酪

所謂「硬乳酪」(Fromage à pâte dure)，也就是那些經常出現在卡通影片裡，老鼠最愛吃的乳酪；顏色通常是黃色的，切開之後，內部會出現一個個圓洞 (實際上在硬乳酪中，只有一種叫Emmental的乳酪，偶爾會出現一個個圓洞，其他的硬乳酪通常都沒有洞)。通常老化比較長久，變成比較黃稠狀的乳酪，必須在地窖裡老化風乾過一段很長的時間後，才會呈硬質狀態。

❶ 各式各樣的牛乳酪。
❷ 巴黎附近生產的Brie乳酪。
❸ 一般電視卡通裡老鼠的最愛：有一個個圓洞的Emmental硬乳酪。
❹ 法國火山岩地區Auvergne的乳酪特產專賣店。

比較好的硬乳酪多半是高山乳酪，因為那裡氣候比較寒冷，老化的程度比較穩定；而且越老的硬乳酪價格越昂貴，味道也越香醇。例如：到處都是火山群的Auvergne省，生產最著名的Cantal和Comté乳酪；擁有瑞士邊境高山群的Savoie省也盛產硬乳酪；阿爾卑斯山上則生產出名的Beaufort乳酪。另外還有專門用來做乳酪火鍋的Raclette或Romans乳酪，以及一般人用來撒在麵條上或披薩表皮上，著名的Emmental或Gruyère乳酪，都屬於硬乳酪一類。

這些硬乳酪製品，目前幾乎在全世界的西洋食品超市中都可以看到，只是品質和口感則因出產地不同而各有特色。

❶ 各種口味的羊乳酪。
❷ 法式乳酪火鍋。
❸ 典型法國菜：煎魚排加甜菜焗酪。
❹ 將法國大甜菜煮爛後加上奶醬，撒上起司，再入爐烤出來
　的甜菜焗酪。

另一種乳酪

　　有一陣子，法國醫學界突然發表新理論：並不是所有人都能吸收牛乳製品，有不少人甚至對牛乳有過敏的現象；於是羊乳製品頓時變成了嬌貴的新寵。

　　法國的羊乳酪也相當出名，種類之多不下於牛乳酪。法國羊乳製品分Chèvres和Brebis兩種；羊乳酪的質感與牛乳酪並不太一樣，而且羊乳酪只區分新鮮(frais)或老化(vieux)兩類。所謂「新鮮」的感覺，是羊乳剛剛發酵，乳味非常濃郁，有點類似在「吃」羊奶的感覺；而老化的羊乳酪，表面已經出現許多白灰色的菌類，越老化顏色越深、質感越硬，顏色可能從淺灰色到深灰色都有。

　　像盧瓦河地區出產著名的Crottin，就是越硬越好吃；不過有一種外表完全呈現漆黑的「Cendrè」(炭灰)羊乳酪，味道其實非常新鮮，因為這只是被薰上一層厚厚的炭灰而已；盧瓦河地區的Selles-sur-Cher羊乳酪，就是這類乳酪的代表。

　　在法國西南地區的肥肝聖地──著名的美食觀光區Pèrigord，也出產羊乳酪，最有名的是Cabècou和Rocamadour這兩種新鮮羊乳酪。另外，在羊乳酪當中，也有類似牛硬乳酪質感的乳酪，例如巴斯克地區出名的Ossau Iraty，外觀就相當類似牛硬乳酪，口感卻更為柔順、味道更香醇，可說是羊乳酪的極品。

巴斯克地區特產山羊硬乳酪製作過程：新鮮乳酪必須隨時翻面，加上粗鹽，最後送進地窖裡老化。

乳酪「全」餐，「全」乳酪餐

　　法國人愛吃乳酪，甚至還有整餐就只吃乳酪的料理。例如法國與瑞士銜接的阿爾卑斯山區有道特別菜式：乳酪火鍋 (La Fondue，也稱為起士鍋)，做法是先在火鍋裡塗上一層大蒜，放入阿爾卑斯的高山乳酪(最好是Gruyère加Emmental兩種乳酪)，再加入當地所產的白葡萄酒，一起緩慢地攪拌，直到呈糊狀之後，就可以用麵包沾著吃。

　　一般法國人在家也會吃一種乳酪餐，叫做La Raclette。吃這種餐必須先購買一種特殊的鍋，至於Raclette硬乳酪，在任何超市都可以買得到。只要將切成薄片的乳酪放在木製鍋瓢或不沾鍋瓢上，再放在熱鍋或烤爐上，讓乳酪遇熱融成液態狀後，趕快淋在馬鈴薯上，配著馬鈴薯，然後加上一些火腿、臘肉之類一起吃。

　　此外，在法國，任何可以燉煮熟爛的蔬菜，法國人都喜歡加上一層軟軟的奶醬，以及烤成外皮狀的乳酪，這就是焗酪類(Gratin)。我們台灣式的烤白菜做法，其實就是最基本的法國通俗菜。

法式乳酪餐

　　大廚先將整塊乳酪在爐火前烤至表面軟化，再用刀刮下液態狀的部分，配上馬鈴薯。

> 有機愛好者選擇食物也相當嚴謹，餐食多半兼具季節性和地方性兩者因素，盡量避免因長程運輸而造成污染，以及因喜好非季節性蔬果而強制改變生態的情況。

法國人盛行吃有機食品

有鑑於工業化食品所含的化學成分對人體造成極大傷害，考慮到自己和下一代的健康，越來越多法國家庭開始吃有機食品。

❶ 附上有機食品標籤保證的有機農產品。
❷❸ 明顯貼著有機管理局合格標籤的有機蔬菜，看起來十分可口。

近來法國有機超商紛紛出現，甚至連出名的大超商都開始設置有機食品專櫃，只為了跟上這個越來越大的市場。剛到法國來的時候，從來沒有聽過什麼叫做「有機食品」，沒想到20幾年下來，經過一些重視生活品質健康的法國朋友們耳濡目染後，我們家裡的所有物品，從食品到清潔劑，已經全是「有機」產品；而且現今類似我們家這種愛用有機產品的法國家庭，也日益增加。

有機風潮盛行

早期，法國的有機店並不盛行；許多有機商店賣的東西非常昂貴，從當初一般法國人的觀念來看，這些使用有機產品的人，都是對健康有些神經質的有錢人。老實說，最初在有機商店裡賣的蔬菜水果，看起來樣子都不太新鮮，甚至有點爛爛的感覺，實在無法吸引一般大眾的目光。

近幾年來，由於整個世界的焦點逐漸集中至地球環保與人類整體健康的話題上，法國

越來越注意這些成分對人體是否有害。2004年，法國衛生局為了讓政府了解在法國農產方面使用化學農藥的嚴重性，特別舉辦了一次參議員自願參加抽血，分析血液中化學成分含量的檢驗活動；檢驗報告一出來，讓許多參議員非常緊張，因為多達40%參加者身上所積存的殺蟲劑(Pesticide)成分，超過了一般正常人所能承受的程度！

環保團體的言論開始受到一般大眾的重視，政府也開始特別提倡有機農業，提出一些輔助有機農業的特別條例；於是法國的有機食品及日常用品越來越普遍，甚至有些有機農家為了自救，集合各農家的力量，成立了有機農業合作社(Coopérative bio)，在各地自設連鎖經銷店。由於免除了中間商的剝削，可以降低成本；而且從農場直接運送到連鎖店的方式，也解決了有機蔬菜無法長久保鮮、易於損壞的問題。

時至今日，許多有機農業業者開始採取現代化的經營政策；有機合作連鎖店賣的蔬果不僅外觀看起來十分可口，櫥窗擺設的方式也令人感到相當安心，同時店內一般還會提供客戶一些養生食譜，使得這類店家幾乎成了有機資訊的流通中心。

從昂貴到平價

法國的消費者意識越來越強烈，幾乎所有商品說明都必須標註內容與成分，消費者也

現在法國人已經知道化學農藥對人體所能造成的傷害，於是市面上出現了許多討論如何改變體質的暢銷書，其中最常提到的就是食用有機食品的概念。關心下一代健康的家庭主婦們，以及一些害怕得到特殊疾病的一般民眾，都開始使用有機產品。

從前有機商品的價格十分高昂，現在已經逐漸降為平價商品；以往只能在有機專賣商店才能買到的有機產品，現在在任何大超市都買得到。短短4年的時間，法國有機物品的消費者，真的是如雨後春筍般地冒了出來。

食物選擇標準：
「合時」又「合地」

在法國凡是接觸到健康的問題，人人都非常小心，尤其特別注重食品安全。有機產品的愛用者不只特別注意自己的健康，更注意世界的環保問題；對於法國有機產品業的安全性，幾乎是用特大號的放大鏡在審視，因此法國的有機產品可靠性相當高。而且有機愛好者選擇食物也相當嚴謹，多半要求兼具季節性和地方性兩者因素，盡量避免因長程運輸而造成污染，以及因喜好非季節性蔬果而強制改變生態的情況。

這些人不論是基於維護人類自然生態的理想，而成為有機產品的愛用者；或者是因為自身健康的問題，而轉變為有機產品的忠實信徒，在法國消費者中所占的比率，都已經越來越可觀，足以讓一些依傳統化學工業方式生產產品的業者開始花下經費，研究如何改用有機或天然的資源原料；這都是為了因應未來勢必逐漸增加的有機產品消費群眾所做的措施。

❶ 包裝精緻的有機肉類及熟食品。

❷ 附上有機標籤的新鮮羊乳酪。

❸ 法國有機食品的愛用者同時也相當重視地球環保，有的人只吃季節性的蔬果；例如冬天的季節性蔬菜，幾乎都是耐寒的南瓜類。

有機產品的AB(Agriculture Biologique)標籤和歐盟使用的有機標籤

1920年，法國出現了一群關心地球污染問題的農人們，他們開始使用有機肥料，而且絕對不使用農藥。到了70年代，法國的社會觀念產生重大改變，更加鼓勵了有機農業的發展。1981年法國正式承認有機農業，農業部成立了有機農業專門管理機構，開始規劃對有機農業的各種規定條例；1991年完成有機蔬果類的管理條例，2000年則完成有機畜牧業的管理條例。

法國的有機管理中心(Bio Agence)直屬法國農業部、環保局，以及國會農業發展部等3個部門，負責規劃並協助有機農業推廣及管理，AB有機農產品管理的標誌因而誕生。有這種標誌的農產品，保證95%以上是採用有機天然肥料、無農藥、順土質自然週期的種植方式生產，能保護永續經營的農業環境。

合乎歐盟有機管理中心檢驗標準的有機產品標籤。　合乎法國有機管理中心檢驗標準的有機標籤。

Look Around

我與「有機產品」的緣分

2007年，我得了乳癌，在化療期間，許多法國友人不僅在我身邊給我精神上的鼓勵，甚至還特別到家裡來做菜給我吃、照顧我。其中莫莫就是將我的生活習慣完全改變成為「有機」使用者的大功臣。原本她只是到我家來幫我做菜，卻把我家所有不是「有機產品」的物品統統丟棄，又到我家附近的Biocoopératif有機農合作超商採買，幾乎從調味料、蔬菜、水果，一直到洗衣粉、清潔劑，把我家中所有的物品都換成了「Produit Biologique」（有機產品）。

化療期間我失去了味覺，沒什麼胃口；莫莫認為病人的抵抗力，應該是用來抵禦身體的病毒，而不是浪費在消化一些化學添加毒物上，所以她想盡辦法用「有機」蔬果的天然原味，來刺激我的食慾。她幾乎都是用蒸或少油小火慢燉的方式來做菜，而且在顏色上盡量做各種搭配，希望能藉清淡的食物以及顏色的視覺觀感，來增進我的胃口；之後我的胃口居然逐漸恢復，從一開始進食份量很少的食物，一直到後來終於恢復正常食量。那段日子雖然已經遠離，但為了自己的健康，我從此變成了一個「有機」的忠實信徒。

Habillement

法 國 人 的 衣

❶ 路易十四時代婦女流行的時尚。

❷ 法國路易十四國王利用本身當模特兒，帶動時尚流行的風氣。

穿衣講究
「格調與質料」
二者並重

服飾價值的貴賤，絕對不是贏得他人欣賞的要件，也不是代表自己身分地位的象徵；合個性又合場合才是重點。

❶

若問法國人在穿著上究竟有什麼樣的特色，以及穿衣服的原則為何？解答將會因人而異。法國人的穿著，幾乎是每個人有每個人的風格。如果觀察走在路上的法國人，除了一些身材姣好的俊男或美女，或許會引起某些人側目之外，其他任何奇裝異服或異類打扮，幾乎都引不起一般法國人的注意。

設計與質感，兩者不可或缺

一般說來，法國人的穿著不僅重視設計，對質感的要求也很高。法國成衣商一定得將材質成分標出來，因為有些法國人選購衣服的第一要件，就是先看衣料的成分，再決定款式是否合意；尤其是老一輩的法國人，幾乎都抱持著這種觀念，像我婆婆的衣服幾乎清一色都是絲、棉或毛製品。老一輩的傳統法國人，過去都是自己去選布料、找裁縫師做衣服，對於布料的材質相當重視；即使現

代成衣業已如此發達，一般成衣業者仍然會讓顧客很清楚地了解布料的質地，算是一種提供品質保證的傳統商業戰術。

　　傳統的法國人穿著相當簡單，夏天最常看到的穿著，就是一件棉質T恤或襯衫加上一條棉質長褲，最主要原因是因為棉質比較吸汗；另外就是麻紗料的襯衫及長褲，有時也會加上一件棉或麻紗的外套。總之，一般法國人夏天的服飾，不論在外觀或材質上都著重輕鬆、自然。最近有些成衣標籤上印的材質說明，還會特別註明「有機棉」(Coton Bi-ologique)字樣，表示法國人

❸ 法國一般家庭主婦上市場的便裝打扮。
❹ 法國冬天的穿著多半是黑色。
❺ 夏天服飾以棉質為主。
❻ 愛馬仕一直採用法國婦女喜歡的傳統材質(例如絲)。

不只越來越多人崇尚天然質料，甚至更極端地選擇有機的料子！

　　到了冬天，法國人的穿著，總不外乎一件棉質襯衫、外面套上一條純羊毛毛線衣，或者是羊毛或棉質的短外套、下面套上一件厚羊毛料或厚棉的長褲或裙子，最外面再罩上一件毛料長外套或擋風外套。不論季節冷熱，法國人的衣物，都盡量採用天然產物做材料。

> 法國人的穿著原則，可以説是：依照個人感覺舒服的標準，配合自己的個性，在任何場合都應該穿上合宜的服裝；對他們而言，這是一種教養，也是尊重他人的表現。

❶ 法國連內衣都是有設計師品牌的。
❷ 法國男士對外觀相當重視，領帶配件也是穿著的重點。
❸ 亞洲人最愛的法國名牌LV專賣店。

注重個人風格

　　法國人的民族性比較叛逆，個人意識相當強烈，每個人的穿著多少都反映出個人性格上的特色。

　　法國的小學生並沒有穿制服的規定，從小開始，父母就會讓孩子們養成自己選擇衣服和穿衣的習慣。一般父母相當尊重孩子們對穿著的意見，連逛街買服飾都讓孩子們自己搭配、自己試穿；因此每個法國小孩看起來都很有自己的個性。這種尊重孩子主見的穿衣方式，可以讓孩子們從小建立自信心。可是一到了青少年期，法國小孩不免還是和其他國家的青少年一樣，很容易受到流行品牌的時尚影響──男孩子比較喜歡穿著名牌運動服或名運動選手裝，而女孩子則會選擇款式新潮流行的成衣。流行時尚畢竟比較統一化，不過，這些叛逆的法國少女們總會在髮型或服裝的小細節上，做些獨特的搭配或

配件。成年的法國人非常重視外觀穿著和打扮，而且比較喜歡獨創風格，不太會追隨流行的浪潮。

隨「興」隨「性」，但絕不「隨便」

　　法國人基本上很尊重個人穿著的自由，他們雖然可以接受任何種類的奇裝異服，卻無法接受穿著運動便服走在街上；對法國人來說，穿著運動服上街，就好像穿著睡衣上街

法國時尚誕生的故事

法國路易十四國王，將皇宮從羅浮宮搬到了凡爾賽宮之後，凡爾賽宮不僅成了整個歐洲建築的範本，宮廷生活更是成了當時歐洲貴族模仿的對象。宮廷、國王和其寵臣寵妾自身的奇裝異服，發動了宮廷貴族不分男女時尚爭豔的風氣，這股時尚風氣渲染了整個歐洲皇室貴族的時尚。

路易十四大臣Colbert更利用這股風潮，設立了織布染布設計部門，讓法國服飾業達到了頂端！甚至衍生後來的出口策略，將法國的布料或成衣出口到世界各地！而今天法國名牌如此暢銷，都是設計師本身的名聲帶出來的商機。

一樣沒有禮貌——甚至某些法國人連出門做運動，都習慣另外帶套運動服，到了運動場所再更衣。法國人的傳統居家生活習慣，是到睡覺前才換上睡衣；一大早起床，吃完早餐後，就得馬上換上正常的衣著與鞋子，並且打扮妥當。就連一些一整天都可以不用出門的家庭主婦，也會保持這樣的習慣；因為他們認為家庭主婦就是一個家庭的門面，不可不顧體面。

此外，法國人對金錢的觀念十分隱私而保守，有教養的傳統有錢法國人，並不一定會將價值都表現在外觀上；就算一些喜歡追尋品牌時尚的人，在搭配上也會盡量多樣化，不會從頭到腳都穿上同樣品牌的服飾。對於亞洲有錢人那種瘋狂迷戀名牌、甚至全身

上下穿上如統一符號般服飾的行為，法國人是絕對無法接受的。對他們而言，這種舉動簡直就像穿著廣告看板上街一般(在電視廣告還沒出現以前，法國有一種職業，是身上前後夾著兩塊廣告看板走在街頭上，他們稱這種人為「廣告三明治」)。其實經常在法國各名牌店前排隊買貨的客戶，一半以上幾乎都是亞洲人。

法國人的穿著原則，可以說是：依照個人感覺舒服的標準，配合自己的個性，在任何場合都應該穿上合宜的服裝；對他們而言，這是一種教養，也是尊重他人的表現。

衣　如　其　人

❶ 法國名牌總是走在時代尖端。

❷ 各式各樣適合不同個性風格的法國服裝。

　　法國人不論男女，對穿著自有一套品味觀；最主要的要求就是穿出令自己有感覺、有信心的衣著。我常常能從幾個法國友人的穿著特色，就大致探察出他們的個性、了解他們的性情；這個特點也幫助我在法國30多年來，對偶爾初遇的法國人，可以第一眼就從他們的服飾，多少猜出其個性傾向或社會階層來。

阿妮：窈窕衣架子

　　典型的法國女人，臉型類似法國40年代非常知名的電影《北方飯店》(Hôtel du Nord)裡的女主角阿爾蕾特(Arletty)；身材苗條而高挑，可說是典型的衣架子。記得當我還住在台灣時，在電視上看到歐洲名牌時裝表演，曾自問：「什麼樣的人才適合穿著那些奇裝異服呢？」直到認識了阿妮之後，發現穿在阿妮身上的任何服飾，雖然沒有一件是名牌貨，甚至很多都是從舊成衣店裡「撿」來的，可是不管什麼樣的奇裝異服，只要套在她身上搭配起來，都很像那些走在伸展台上的名模！

　　她的髮色是深褐色，眼睛的顏色也深褐色，在服裝色澤上特別喜歡深暗色系，使得整個外觀形像看起來顯得特別神祕；她的裝扮和她天生所帶的那份幽怨氣質十分搭配。

馬麗絲：花樣金髮貴妃

　　金髮碧眼美女，體型稍偏楊貴妃體態，她的穿著可說是「百花爭艷」型──因為她酷愛顯眼的色調；但她穿上這些色彩鮮豔耀眼的服飾，卻一點也不會讓人覺得誇張，好像生來就應該穿這類衣服似的；我個人覺得這與她天生愛開玩笑、樂觀而開朗的個性十分相稱。她的穿著搭配方式也很特別，身上總會同時出現兩三層不同格調的襯衫，寬大的褲子的外面還會再套上一條膨裙！

　　她的服飾，依我們亞洲人的眼光來看，可能會被認為樣子不大正常，可是走在法國巴黎街道上散步的馬麗絲，卻經常吸引到許多欣賞和羨慕的眼光。

橄欖樹：風格藝術家

「橄欖樹」的身上，天生帶著某種藝術家的氣質。他身為畫家，偶爾需要參加一些上流社會的晚宴，還得入境隨俗穿起一些設計過的名牌服飾。不過，以他隨時必須找到電影道具畫師之類零星工作來糊口的畫家身分來說，名牌服飾實在不是他能負擔得起的；因此他就得經常上舊貨市場選購二手名牌貨，或是到「vintage」店(指專賣流行舊服飾的店)挑選舊名牌衣物。還好，以他藝術家的眼光，加上藝術家的氣質，配上這些過氣的名牌服飾，不但不會顯得過時，反而那些老樣式的襯衫或破舊毛線衣更能塑造出他藝術家的形象，讓他在上流社會的晚宴中獨樹一格。

他平日的穿著，也能顯出自己的風格：他特別喜歡穿牛仔褲，搭配顏色顯眼的襯衫，偶爾還會圍上一條色澤明亮的方絲巾，再加上一件外型很酷的短皮衣或棉製夾克。獨特的服飾，配上他深藍色的眼珠，說話時專注的神情，真是十足藝術家的模樣。他的風格，很容易吸引女性的好感；他的穿著，成了他藝術家人格的最佳代言。

大狼：風格藝術家

「大狼」的身材是個大塊頭，額頭前一縷捲髮，類似貓王的螺絲卷，樣子很酷；從他身上時刻散發出來的男性魅力，與他的穿著是有很大關聯的。他喜歡深色系，通常會加上一件很有個性的大花襯衫，偶爾會改穿些色澤奇特、設計頗為特異的T恤。每次他一出現，幾乎都會讓每個人的眼睛同時發亮！我想最主要還是由於他的服飾風格，讓他整個人看起來很Rock、很Cool。

當他還是個乖乖牌上班族時，雖酷愛Jazz音樂，但當時只能純欣賞；好不容易熬到退休了，他馬上開始學習電子吉他。一旦融入到爵士音樂的世界裡，他的穿著和整個人的風格，突然變得很爵士；他從來不會因為自己的另類異服而感到拘束；那種輕鬆的樣子，反而很難讓別人想像他穿上正經服飾的樣子。

蜜雪兒：恬靜傳統淑女

蜜雪兒是個保守和善的上班族兼家庭主婦，穿著總是千篇一律的襯衫長褲傳統服飾；但這些簡單的穿著，加上橄欖綠或深藍等中性色系的搭配，看似保守卻與她恬靜的個性非常相襯。我帶台灣觀光客，經過巴黎傳統名牌服飾的櫥窗，台灣人都認為法國服裝的傳統式樣顯得很老氣，我也頗有同感；但自從認識了蜜雪兒，我發現她逛街時總是買同類型的服飾，才了解為何法國傳統老名牌的式樣，看起來都偏老氣：原來大部分受法國傳統教養的女士，穿著都是這個樣子的！

❶ 羅浮宮內羅馬時代配飾的收藏；其手工之細膩，影響了沿襲古典傳統的法國手藝。

❷ 在羅浮宮埃及館內的珠寶飾物，影響到法國現在的珠寶設計。

❸ 法國文藝復興時期，宮廷內男女穿著都相當考究，尤其他們服飾上的珠寶更是精美。

❹❺ 法國現代摩登珠寶的設計，相當具有特色。

❻ 卡地亞(Cartier)一直是名牌配飾的專賣店。

法國人穿衣不搭配飾品，就像裸體上街

現代大眾化的成衣設計相當統一化，然而法國人總會想辦法添點小配件，讓自己顯得特別一些。法國在珠寶、絲巾、手袋、帽子，甚至髮型設計上世界馳名，並非偶然。

若有機會走進法國的大百貨商場，眼光一定會被那些五花八門的小飾物所吸引；尤其是那些經過設計的假珠寶，材質林林總總不勝枚舉，包括石材、金銀質料、絲緞等等，不僅吸引了法國的女性同胞，連男性也酷愛這些小飾物。有些人出門時如果沒有加上一些配件，就覺得好像沒穿衣服似的。西方人配戴小飾物的習慣其來有自，只要看看博物館裡那些琳瑯滿目的收藏，不論是來自埃及或希臘羅馬時代，都可以瞧出端倪。

⑤

④

⑥

國王也戴首飾

法國文藝復興時期的亨利三世國王本身是雙性戀者,非常愛漂亮;不管是身上的穿著或是搭配的飾品,都相當考究,常常戴著成套的耳環、手鐲和戒子;而圍繞在他身邊的宦臣與男寵,更是打扮得花枝招展。由當時皇室公爵的畫像上,我們可以看到那些繁瑣的裝飾品;從他們穿著服飾上的配件來看,可看出當時的手工更是追求細緻完美。從歷史的角度來觀察法國人,不論男女服飾都十

③

分考究,而且這種傳統一直延續到今日,法國人不論男女,仍然相當重視穿著的品味。

簡單設計更顯貴氣

法國的珠寶設計聞名全世界,每年舉行的珠寶設計展,可說是世界珠寶設計的指標。最出名的珠寶設計師Cartier的交叉串聯花紋式樣傲視世界;不論是使用K金或鑽石材質,做成項鍊、手飾或鐘錶,都成了Cartier(卡地亞)的象徵。另外,Chopard(蕭邦)的小鑽石設計形象:透明水晶的內部,有幾個跑來跑去閃閃發亮的小鑽石,做出來的手飾或錶鍊,都成了蕭邦設計的最佳代言者。Chanel是香奈兒縮寫字的代表;用一個正C和一個反C交叉形成「℃」型的設計,其價值感至今無人可以取代。這些世界知名的設計師,只用了簡單幾個符號,所衍生出來的設計圖案,卻能成為世界流行的象徵,由此可看出法國人對設計者的重視。

❶ 從羅浮宮的繪畫上，可以想像法國19世紀小說中描述的市紳與鄉民服飾。

❷ 從羅浮宮的藏畫上，可看到不同時代的法國服飾。

❸ 法國絲巾的圖案千變萬化。

❹ 皮包也是法國人服飾外觀上最普遍的配件。

巧手妙思，量身定做

服裝界也是如此。自古以來，法國上流社會中不論男女的服飾，皆由自己選定的裁縫師來製作，這些裁縫師的地位與藝術家是齊名的。知名裁縫師製作的服飾，經過設計到剪裁之後，無論穿在哪個凡人身上，都能讓他煥然一新，變成一位高雅尊貴的名仕，手藝之巧猶如魔術師一般。

這些千變萬化的技巧，最主要的還是藉由各類布料材質的變化來設計；設計師仔細審視各類材質的特性，不管是絲緞的柔軟輕盈、皮革的堅挺、呢絨的光澤紋路、或者現代塑膠類的亮挺，他們都能運用高明的技術，讓一套套服裝變成一件件藝術品。

法國的國家戲劇院中，從18世紀莫里埃傳統戲劇時代開始到現在，所有劇院服裝師所設計縫製的戲服，都一直被妥善保存下來；目前這些衣服收藏在國家劇院的大倉儲裡，很可惜沒有公開讓大眾參觀，只是偶爾出借給電影界或戲劇界做為戲服之用。我因有幸參加了羅浮宮邀請蔡明亮導演拍攝之電影《臉》的準備工作，而能穿梭於這所如藏寶庫般的倉儲內；在伴隨導演挑選戲服時，很幸運地見識到這些經典之作。這些戲服縫製手工之精巧、手染色彩之亮麗，叫人目不暇給；上面手繪或刺繡的圖案，就像一幅幅繪畫一般，令人歎為觀止！

配件表現個性

法國絲巾的花樣也是千變萬化；名牌之一的Hermès，就是以絲巾設計的花色而聞名。法國女人秋冬季喜歡穿著黑或深藍等暗色系服裝，同時有搭配絲巾的習慣，且絲巾的圍法每個人各有喜好。一條圖案出色的絲巾，可以讓單調服裝別具風格，也可添增全身色彩的變化；這就是法國婦女喜歡在設計統一化的大眾成衣上，表現自己個性的方式。

另外，皮件和鞋類的變化亦是令人眼花撩亂，千百種設計與款式各有千秋。法國有許多名牌時裝業者也生產皮包、皮帶和鞋類，例如Christian Dior或Chanel等等；但也有只生產皮製品的名牌，例如Longchamp、Bagagerie、Didier Lamarck、Salamandre等較高級的品牌。上述這些服飾上的配件，都是法國女人在百貨公司大減價時勢必搶購的重要商品。

傳統手工藝展新貌

法國的皮件與絲緞刺繡手工藝，不但在服飾業占了重要的一席之地，也有相當的歷史性。刺繡或編織，以往都是法國婦女的傳統家庭工作之一，同時也是某些地方修道院修女們每天的工作；只要是手工上乘的手工藝製品，向來都會成為宮廷貴婦們競相購買的對象。

現在這些傳統刺繡或編織品，已經逐漸走向設計路線；這些手工藝品以往都是使用於布料圖案的搭配，目前卻有一些年輕的手工藝家，將這種傳統藝術轉變為觀賞用的藝術品。巴黎有一家展覽中心名為「巴黎之家」(Maison Parisienne)，就是為了鼓勵這些年輕的創作家而設立的展覽室，專門陳列這些新觀念藝術家的作品，非常值得參觀。

巴黎之家 Maison Parisienne
地址：90 Boulevard Pereire，75017 Paris
網址：www.maisonparisienne.fr

法 國 人 的「頂 上 功 夫」

法國製的女帽，曾是西方世界仕女們渴望的時尚名品；法式的髮型設計，也曾引領整個歐洲的流行風潮；法國的名髮型設計師，至今地位仍與名服裝設計師相當。

❶ 法國人戴帽子已從傳統習慣變成了時尚流行。
❷ 圓圓扁扁的法蘭西斯帽幾乎是法國人的代表。
❸ 各式各樣的設計，展現出不同的風「帽」。
❹ 路易十六皇后將各式各樣的羽毛頭飾帶入時尚界。

法國人與帽子的緣份

如果有人問道：提到典型的法國人，最常出現在腦海中的形象是什麼樣的呢？最普遍的答案通常是：「一頂法蘭西斯帽，一條長棍麵包，加上一瓶葡萄酒」。

「法蘭西斯帽」顧名思義，就是法國人的專有帽；但老實說，法國人並非經常配戴法蘭西斯帽；那種扁圓型的毛帽，通常都是在鄉下地方，或者比較隨意的場合，才會有人戴出來。

正式場合配戴的帽子是相當多樣性的，連男士們配戴的帽子也有流行趨勢可言：從帽頂高尖型、帽頂圓瓜型(forme de melon)、帽頂圓高型，一直到帽頂窄圓型等等，各式各樣的帽子都有。法國男士自古以來就有戴帽子的習俗，時至今日，傳統的老法國男士們，出門還是一定會戴上帽子。

❶

帽子的昔日榮光

從前法國女士參加盛宴或是出席重要場合,也都有戴帽子的傳統;當時帽子的式樣可說是千變萬化,材質包括真花、羽毛、絲絨、緞帶等不同種類。只要看看一些西洋老電影裡的情節:那些歐洲其他各國或是美國的女士們,只要到法國旅行後,帶回國的禮物裡通常都會看到一只大帽盒;由此可以想像出當初法國的帽子時尚,是多麼出名了。

目前法國男女正式戴帽子的場合,幾乎只剩下參加婚宴了;尤其是參加傳統天主教家庭的婚宴或受洗儀式,女士們進了教堂後還是習慣戴上帽子,而且是那種傳統式附帶小面紗的絨絲帽。這種傳統源自於以往天主教的慣例:女士們進了教堂一定要帶上面紗,不能讓一般凡夫俗子看到她們的臉。現在一般法國人戴帽子已不再是一種禮俗,通常是為了禦寒或遮陽;不過帽子的時尚仍然年年不同,各有流行特色。

上了斷頭台的流行教母

法國大革命時代,最後上了斷頭台的那位路易十六世皇后瑪莉安東尼,在位時穿著打扮是出了名的奢侈浪費。她違反了法國皇后向來勤儉不管事的國母風格,既好強又愛漂亮,再加上聞名全歐洲皇室的姿色,雖然當時讓她變成歐洲時尚的代言人,卻也因奢靡而深深遭到法國民眾的唾棄。當時只要是她熱愛的考究飾物,對歐洲的名珠寶設計界而言,都會變成最搶手的「大款」。

18世紀時,法國殖民地遍布世界各地;有一天,皇后突然對鳥羽毛製品特別產生興趣,她要求大臣從世界各地進口各類珍禽羽毛,做成髮飾或服飾上的配件;於是一夕之間,鳥羽製品變成歐洲上流仕女們的最愛。然而這種愛好羽毛的時尚,卻讓世界上許多珍禽遭到殘害,有些稀有種類更因而滅絕消失。還有一次,皇后的髮型設計師為了要讓皇后在宴會上能達到譁眾取寵的效果,居

❶ 法國的理髮院和美容院是分開的。
❷❸ 從羅浮宮的繪畫上，可以看出法國髮型、
　　頭飾、帽子的流行潮流。

然把一只裝了金絲雀的籠子，梳進她挑高的髮型裡，讓她不論走到哪裡，都能聽到清脆的鳥語；從此，不論是滿頭飾品的挑高式髮型，或是插了滿頭羽毛的髮式，都開始在上流社會流行了起來。

頂上工夫強，社會地位高

當時在法國皇宮進進出出的人士，不論皇室貴族或市紳警衛，都必須戴上假髮；而一般的平民則是沒有權利帶假髮的。這種為了區分社會階級而訂出的習俗，也讓理髮師或髮型設計師之類的行業，自古就很吃香。

直到今天，法國的專業理髮師或髮型設計師，仍舊需要通過正式專業考試，持有特有證照後才能營業。出了名的理髮或造型設計師，不僅能自創工作室，還可以將名號賣給其他加盟店；因此，一位專業的名髮型設計師，幾乎和一位名服裝設計師居於同等地位。在專業學校學習美髮的學生，經常需要

在這些工作室裡實習；在法國，假如沒錢上理髮廳的話，可以上這些知名美髮工作室，免費讓這些實習生當練習品。

有些法國染髮材料公司，為了實驗新產品，也會找一些自願者做實驗，這樣也可以得到免費理髮和染髮的機會，不過自願者並沒有選擇式樣或顏色的權利。

點菜式服務

髮型設計工作室裡的各項服務，例如洗頭、剪髮、梳頭、染髮、保養等都會標示出單價，說法和在餐廳點菜一樣，都叫「à la carte」（單點）。另外，法國的美容院(Institut de Beauté)和理髮或髮型設計院經常是分開的；美容院提供的是做臉、剃體毛、保養身體等服務；服務的價碼也是各項分開，選項計費，費用相當高昂。在法國不論男女，上理容院的次數都相當頻繁，這都是法國人重視外觀的表現。

Look Around

東西方人髮質也各分東西

我在學生時代為了省錢，經常上有實習生工作的髮型工作室去當免費實驗品；有一次有幸當到髮型設計老師的教學實驗品，自己同時也上了一堂免費的頭髮課程。我聽到老師對學生解說東西方人髮質的不同點，根據他的說法，東方人的髮絲是既圓且硬的，而西方人的髮絲卻是扁平而柔軟，因此東方人的頭髮非常直順，不容易捲曲，而西方人常是雜亂的捲髮；因此，在剪髮和造型上，對東西方人應該使用不同的技巧。

我在那兒見識到法國對專業的重視，連剪個頭髮都必須先研究髮質和技巧的關係！之後對這些名髮型設計工作室(Coiffure)所收的昂貴價錢，也覺得比較可以接受了。

> 香精只要輕輕抹一點在耳後、手腕等脈搏跳動的部位就可以了；隨著脈搏跳動，自然會緩緩散發出香味來。

❶ 因瑪麗蓮夢露而馳名世界的法國香水Chanel。
❷ 法國琳瑯滿目不同種類的香水樣品。
❸ 具有自己品牌特色的法國香水店。
❹ 法國男士個人有個人喜歡的香水。
❺ 嬌蘭、香奈兒、蘭蔻、迪奧都是知名品牌。

法國人利用香水的魅力

法國號稱「香水王國」；法國人說：每個人身上都會有自己的味道，能找到襯托自己味道的香水，就能直接表達出自己的個性。

一般人說起香水，幾乎馬上會想到法國。一個最直接的原因，可能就是由於瑪麗蓮夢露代言之香奈兒5號的魅力！尤其是夢露站在巴黎地鐵的地面鐵絲網上，雙手用力壓住裙襬，但側面裙子仍然被地鐵經過帶來強風所掀起的性感姿態，那一幕至今仍是經典畫面，且令人不禁聯想：那一陣風引來的「香水味」，會是多麼地迷人啊！

③ ④

使用香水也是社交禮節

法國男女使用香水，可以說是一種傳統習俗，這個傳統應該追溯到重視生活藝術的文藝復興時代。當時貴婦或仕紳們所追求的生活藝術之一，就是如何討好並取悅異性；皇室貴族不惜花費鉅款，從地中海熱帶地區國度採購各種具有異國味道的花卉香精，只是為了改善身上的體味，以增加自己對異性的吸引力。

這種習俗一直傳承下來，到了路易十四統治的時代，根據野史記載，在凡爾賽宮裡進出的貴族們，幾乎人人身上都有自己的香味。一到冬天，為了避寒，皇宮裡必須緊閉門戶，加上室內壁爐燒著柴火，宮裡面的煙炭味和各種香味，混成了一種令人無法忍受的味道！到了19世紀之後，上流社會的男男女女，不論出門散步或造訪赴宴，都習慣噴灑香水，這變成一種禮貌性的舉動，從此也

成了法國生活禮節的一部分。

法國人使用香水的原則，一般而言，是在早晨洗澡淋浴之後，先噴上比較清淡的香水(Eau de toilette，酒精成分較高，一般都是噴霧式，包裝為大大一瓶，價格比較便宜)；晚宴時為了讓香味持久，則必須使用味道濃郁的香精(Parfum，香料成分相當濃純，通常是小瓶包裝，而且價格昂貴)。香精只要輕輕抹一點在耳後、手腕等脈搏跳動的部位就可以了；隨著脈搏跳動，自然會緩緩散發出香味來。

⑤

❶ 法國百貨公司的香水專櫃。

一樣香水百樣「味」

　　法國人選擇香水的最基本理由，通常是為了取悅自己的伴侶；所以男女之間以香水做為互送的禮物可說是司空見慣。法國的香水店一般都會讓顧客試擦香水，只要一走進香水店，經常會被噴上好幾種不同的香味，但想要從這些味道中，選擇出適合自己的味道，卻十分困難；不過這些香水示範小姐總有辦法找到適合顧客需求的產品。

　　有些法國人會長期不斷嘗試不同味道的香水，由於每個人身上天生的體味不同，就算噴上了同樣的香水，也不見得會產生相同的味道結果；因此，在這些法國人的浴室裡，總是擺滿了各種香水。有的法國人則是習慣某種固定香味後，就會一直使用下去，結果香味也成了個人特性的一部分。

　　更有些講究打扮的法國女人，更換香水就好似更衣一般，香味還得配合服飾。所謂「女為悅己者容」，換香水也是愛漂亮法國女人的裝扮利器之一。

香水領導時尚

　　夏天擠在巴黎的地下鐵裡，人人「香」汗淋漓，夾雜著濃濃的體味，真的是獨具「風味」。這種巴黎城裡的另類異味，主要還是來自法國人使用香水的習慣，幾乎每個法國人都有一套自己選用香水的理論。

　　例如有一年Christian Dior推出一種名為「Poison」(毒藥)的香水，味道十分濃郁(當初剛推出時，得到許多法國黑女人的青睞，但是Poison也同時加重了她們身上的體味；記得當時巴黎的地下鐵裡，處處「毒藥」嗆鼻，令人難以忍受！)。CD推出這款濃郁的「毒藥」香水味，實際上是為了配合時尚，

法國香水成功的關鍵人物：「Le Nez」

提到法國香水的製造過程，務必談到一種非常特殊的專業人才：「Le Nez」(鼻子)。

法國名牌服飾的特色，完全取決於服裝設計師的特殊靈感與創意，才能維持品牌的知名度；而名牌香水的成名更需要專業「鼻子」的靈敏嗅覺，來創造具有特色的香味。這是一門非常困難的學問，有的「鼻子」堅持不接近女色，就是因為擔心每個女人身上不同的體味，會影響到他們的嗅覺。而且每個高級品牌都有他們專屬的「鼻子」，身價之高，工作地點也是非常隱密，可說是商業最高機密！

法國一家非常高級的名牌香水，曾經請我為他們的「鼻子」作翻譯。工作室之隱密，讓我完全失去方向；當我被帶入「鼻子」的工作室，只見碩大的室內光禿禿，只有「鼻子」坐在一張桌子前面。他對我解釋「鼻子」的工作，就如同畫家或作曲家，工作室香水樣品分類管理人員將所有的味道都編號，「鼻子」再將這些味道代號「存」進腦子裡，就像畫家腦子中存在的色彩，或作曲家腦子裡的樂譜。

所以當他靈感一來，只要寫上代號和數量，就完成了配方！再交給樣品分類管理人員調配，如此重複動作一直到他自己滿意才算創作完成。他告訴我靈感不是時時都有。在創作期間他會像閉關和尚一樣坐在白白淨淨的工作室裡，面對著從潔淨的窗戶進入眼簾的風光，去尋找他的靈感！

因為當時的流行帶著一股反叛的味道，而且特別盛行妖魅式的打扮。「Poison」的濃香，加上當時流行的濃妝，讓傳統保守的法國女人有種截然不同的感覺。

還有一年，法國吹起一陣東方風味的時尚流行風潮，Yves Saint Laurent便特別推出「Opium」(鴉片)香水；「Opium」帶了一股濃濃的檀香味，灑上這種味道，再搭配當時設計師特別設計的那些具有東方特色的服裝或飾品，更增添一分異國風情。法國名牌香水的味道，同時也有引導時尚趨勢的能力，這完全是因為在法國，香水與其穿著是不可分離的。

花盛果茂香水鄉

法國的香水製造工業以南部為盛，這是由於法國南部的陽光充足，土質也比其他地區特別，適合各種帶有香味的果樹、花草生長，例如：橘、桃、李、蘋果、梨、薰衣草、百里香、勿忘我等等。各種不同的花果，讓當地因近水樓臺，而成了聞名世界的香水鄉；尤其是位於阿爾卑斯山區的山城「葛拉斯」(Grasse)，這裡不僅觀光旅遊業十分發達，同時也是法國最出名的香水製造業中心。

聞「香」知人

每回有法國女友人到我家造訪，經常是人還沒進屋，香味已經先進來了。出門以後回到家裡，如果還會聞到久久不散的香味，就知道某某法國朋友應該剛來過我家。有時候從樓梯間聞到一絲淡淡的香味，馬上可以曉得我家鄰居的小姐剛剛下了樓。從這些居家小插曲上，可以看出法國人使用香水的普遍性，這也難怪世人會稱呼法國是「香水王國」了！

> 別小看這類的商店，它們在法國非常吃香，客源很廣泛，甚至有些大明星或電影界的服裝師，都是這些店的常客。

法國人舊衣新穿的復古觀念

法國流行服飾向來是世界潮流指標，幾乎每個時代都有創新佳作；某些念舊的法國人，會因爲特別喜歡某個年代的服裝而到處尋覓。在法國，舊服飾店非常風行，甚至帶動現代人復古的新潮流。

❶ 廉價的舊衣專賣店。
❷ 友人開的vintage 店，40年代流行時尚之店面櫥窗。

廉價買舊衣，穿出新創意

　　法國有些人特別喜歡穿舊衣，他們穿舊衣是爲了表現出一種與眾不同的風格，這和我們亞洲人不習慣穿別人穿過衣物的觀念完全不同。法國人在穿著方面的社會流行型態，有一個和其他國家最大的不同點，那就是許多人的穿著是特地從舊衣店、鄉鎮社區家庭多餘用品大清倉活動(Vide-grenier)舊衣攤位上、或是天主教舊衣捐獻中心買來的。

　　這些愛漂亮的法國人毫不在乎這些是別人穿過的衣物，老是在便宜的舊衣店區逛街，選購一件件只要個位數字價錢的廉價舊衣。這類喜歡花小錢又可以天天換「新衣」的法國人，並不注重時尚潮流，只愛自己搭配出自己的格調，不過，當然經濟效益也是主要考量。

　　有些法國人，連自己小孩所穿的衣服都盡可能選擇舊衣物。這是由於法國專門生產童

電影風格的幕後巧手

　　電影事業裡有一種特別專業人才，稱為「Costumière」(服裝師)；服裝師必須視劇本的需要，去尋找不同時代、不同風格的服飾。由於法國一直是時尚的先驅，各年代的風格千變萬化；法國電影的服裝人才，必須很清楚法國各年代的時尚，甚至世界各國的服裝特色，而且更要知道到哪裡才能找到這些服裝，才可以配合導演、製片的需要，修改出適合劇情的戲服。

　　這些人才不僅對服飾的歷史瞭若指掌，還得要有一雙巧手，可隨時配合劇情需要裁製修改衣物。所以若能在國際影展上得到最佳服飾獎，絕對可說是項了不起的成就。

裝或嬰兒服的品牌服裝價錢並不便宜，許多法國兒童穿的衣物，除了別人特別送來當禮物的新衣服之外，絕大部分都是親戚或鄰居朋友的孩子穿過的舊衣物。這種習慣並不是因為法國父母特別小氣，而是因為對這些父母來說，依小孩成長的速度，實在沒必要浪費太多錢在衣物上；而且，通常有這種觀念的父母，反而會花費更多金錢在孩子的學習費用上。

別以為舊衣都是便宜貨！

　　此外還有另一類習慣買舊衣的法國人，他們所穿的舊服飾相當考究，這些人有的為了追求某個年代的款式、有的想要呈現當時服裝設計師的特色，這都是這些穿舊衣人士意圖表達出來的意境；因此，他們連身上的配件，都必須成套蒐集，才能符合這些條件。這類型穿舊衣的法國人，就好比古董收藏家

一般，身上舊行頭的花費，可能比買一套新衣服還要昂貴許多。

　　舊貨市場上，一大早5點鐘左右，就可以看到留連於各舊衣物攤位的尋覓者，這些人為了能找到自己喜歡年代的衣物而奔走忙碌。來這裡擺攤位的人，有的也是因為以前買了太多某個年代的衣物，現在想換換新口味，才打算將這些舊衣物轉賣給別人，以便換取資金尋找其他年代的舊衣物。如此不停地輪替，讓舊衣物市場就像其他古董市場一樣歷久不衰。

❶ 巴黎舊衣店如雨後春筍般的出現。
❷ 朋友15歲女兒特別喜歡找舊衣新穿。

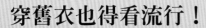

穿舊衣也得看流行！

專賣流行舊服飾的店稱為「vintage」，現代已經變成了一種新的時尚潮流，而且每年流行的年代都不同。例如2008年流行的舊服飾是80年代的時尚，前幾年還風行過二次大戰時40、50年代的風格。這些舊衣店裡賣的貨色，有的是客人拿來寄賣的，也有的是店主自己在舊貨市場找到的商品。「vintage」店的售貨員，必須對時尚研究有相當程度，才能協助客戶；因為上這種店的顧客，本身也會是對時尚相當有研究的人。

別小看這類商店，它們在法國非常吃香，客源很廣泛，甚至大明星或電影界的服裝師，都是這裡的常客。店裡賣的舊貨包括服裝、飾品、絲巾、皮包，甚至皮鞋等；大部分的舊衣物都保存得相當完好，可以想像這裡每件服飾的物主，不僅是小心翼翼在維護這些「古董」，甚至應該還有專門修護這類舊衣物的裁縫師。

舊衣新穿，帶動新時尚

現代年輕法國人越來越盛行穿舊衣，甚至流行到少男少女新時尚。有些品牌逐漸利用年輕人舊衣新穿的流行，設計上也逐漸趨向復古。這是因為老一輩的法國人愛惜舊東西，喜歡廢物利用，所以教養出法國年輕人不會在意所有的東西都買新的觀念。

法國人穿舊衣的習慣，也說明了法國人不喜歡浪費資源，懷古愛惜舊物的特性。

巴 黎 舊 貨 市 場

「舊」貨市場尋「新」歡

　　巴黎最大的跳蚤市場在巴黎北部：聖多昂門(Porte de Saint Ouen)旁邊的保羅貝爾(Paul Bert)市場，以及塞培特(Serpette)市場。

　　跳蚤市場中所賣的商品，一般都是按照風格來分類。專業店舖如：非洲藝術、東方藝術、伊斯蘭藝術、俄羅斯藝術、部落藝術、原始藝術、運動器材、古董與藝術品、細木護壁板、彩繪木器、金漆木器、珍玩收藏櫥櫃、奇異另類藝術、動物標本、工業設計、手工藝家具、舊珠寶、金飾、舊成衣等等。

成立的歷史

　　最初有一位法國古董商亞蘭塞培特Alain Serpette先生，在70年代左右買下了一個舊修車廠，他逐漸在當地規劃整理出百來個攤位，

成立了塞培特跳蚤市場(marché Serpette)。

　　至於保羅貝爾市場(marché Paul Bert)，則是成立於兩次世界大戰之間的時期，此場地的擁有者路易波雷(Louis Poré)先生與地方政府合作，在這裡簡單地布置出幾個小小的跳蚤攤位。到了1946年，當地搬來了許多古董商，他們在第二次世界大戰中蒙受被強取豪奪的不合理待遇，戰後國家以這個場地的攤位權做為賠償方式，於是保羅貝爾市場因而正式誕生。

巴黎聖多昂(Saint Ouen)舊貨市場

開放時間：週六09:00～18:00、週日10:00～18:00
　　　　　週一～四10:00～17:00
地鐵站：Porte de Clignancourt(4號線)
　　　　　Garibaldi(13號線)
公車站：85號公車 Paul Bert站下
停車場地址：110 rue des Rosiers
保羅貝爾市場地址：96 rue des Rosiers
　　或18 rue Paul Bert，93 400 Saint Ouen
塞培特市場地址：
　　110 rue des Rosiers，93 400 Saint Ouen

PART THREE

Habitat

法 國 人 的 住

法　國　人
整體統一化的
街　道　設　計

法國大城市如巴黎、里昂等,都是
列屬世界遺產的古蹟;其街道設計
是經過幾個不同時代執政者精心規
劃的結果;外觀結構不僅不能隨意
變化,連欄杆顏色都必須一致。

❶ 17世紀最古老也最美麗的方型廣場——浮日廣場。
❷❸ 凡登廣場是18世紀路易十四時代最完美的廣場。
❹ 巴黎的建築幾乎都採用巴黎大白石為建材。

　　住在像巴黎這樣既是國際化歷史城市,又
是世界遺產的古都生活久了,每回一離開巴
黎,到其他國家或城市旅行,回來時總會一
次又一次地讚歎:這個城市之美,實在是沒
有任何一個城市可比擬的。來此報到的觀光
旅行人潮,每年超過4千萬人次;這種觀光效
益完全不需靠任何廣告,自然就能吸引到這
麼多的觀光客。身為這個城市的接待人員,
我也頗為此感到自豪。

❸

整齊但不全然「劃一」

　　每回接待一團觀光客，在還沒開始介紹這個城市之前，我總喜歡問他們，依他們的觀點，對巴黎市的第一印象是什麼？答案通常是：「整體性。」「整齊劃一。」……我想觀光客的觀點是相當直接的；的確，巴黎給人第一眼的感覺就是很整齊——至少在市中心歷史區的範圍是如此。任何一個人在巴黎歷史區內漫遊，眼光總是會被一棟棟幾乎相同的城樓外觀所吸引，然後再慢慢察覺出一些點點滴滴、設計中異曲同工但特色不同的妙處。這些精心設計的細節，才是真正的巴黎之美。

　　然而，巴黎之美其實是付出許多代價換來的。從兩千多年前羅馬人統治時期開始，這

❹

裡就已經是個相當重要的大城市了。法國皇室成立之後，便是以巴黎為定居點，在其周圍蓋了一環的圍城，將城區內部保護起來。經過幾個世紀的演進，圍城雖被拆除了，市中心的建築也越來越「現代化」，可是歷史中心區仍舊保存了傳統建築的模式，建材還是從巴黎近郊的石礦區直接供應；這些石塊的名稱，就叫做「Pierre de Paris」(巴黎石)。

① 馬德蓮大教堂為「羅馬聖殿式」建築。
② 西提島(île la Cité)，塞納河從島兩岸分叉，搭配建築與橋梁，構成一幅美景。
③ 巴黎市內最古老的一座橋，17世紀修築完工，卻名為「新橋」。
④ 拿破崙三世時代Haussmann大刀闊斧的規劃巴黎，最具代表建築為「歌劇院」。

巴黎風貌的功臣們

　　真正讓巴黎能保持原貌的功臣，應該歸功於17世紀的法國國王亨利四世。這位風流瀟灑的國王統一了法國；他因為愛吃大蒜而有體臭的毛病，但卻擁有相當多的情婦。亨利四世即位前，法國已歷經長年宗教戰爭、諸侯爭權等種種苦難；最後他能以旁系身分順利登基為王，為宗教戰爭畫下句點，最重要的原因，就是因為巴黎市民支持他的政策。為了感謝巴黎居民對他的愛戴，他即位後下了一道讓巴黎後代子孫受益無窮的政策：巴黎市內所有建築，都得由國家市容機關來做整體規劃；任何地主想蓋房子，都必須通過國家市容機構的審核。

　　經過亨利四世之宰相Sully的建議，塞納河兩岸的建築逐漸變得美觀起來；到了亨利四世之子路易十三的時代，他的建築大臣堅持巴黎市內的建築應該要有一致的風格，於是在塞納河中的聖路易島上，先蓋好了貴族式樓房的外觀部分，再一棟棟賣給貴族們，讓他們自行做內部裝潢；從此這種作法蔚

為風潮。這種風尚一直延續到拿破崙時代，因為拿破崙大帝崇尚羅馬大帝國，市中心便出現了一系列仿羅馬式的新古典建築，甚至連教堂設計都變成羅馬神殿式，例如聖瑪德蓮(Sainte Madeleine)大教堂的建築。

到了拿破崙的侄兒拿破崙三世時代，巴黎又經過一次巨大的改變，這是讓巴黎建築正式踏進現代化的第一步。巴黎市中心那些老舊木樑式、容易失火的建築，在他的事務官Haussmann大刀闊斧整頓拆除後，重新打造出巴黎的新風貌。於是，市中心區出現了一排排整整齊齊6層樓高的大白石樓房，每棟樓房之間均設立中庭，第四或第五層樓上都安裝了黑色的鐵欄杆式；而且Haussmann還規定每排樓房之間，都必須有適當寬度的道路間隔開來。

只要合乎這些條件，每棟樓房的建築師，可以在統一規劃的結構中，自行加上創意的部分，於是這些外觀看起來非常具整體性的樓房，細部卻各有各的妙處，成了19世紀市容建設規劃的經典之作。

> 今日的巴黎居民，由於受到歷史影響，幾乎人人都乖乖遵守保持市容的習慣。……現今巴黎市的市容，能一直保持如此完整的結構，應該歸功於各棟樓房屋主們對自己房子的愛護。

天生麗質，也需後天保養

今日的巴黎居民，由於受到歷史影響，幾乎人人都乖乖遵守保持市容的習慣。每棟大樓都設有房東管理委員會，每年開一次房東大會，選舉管理委員會會長，並討論維護房屋的重大決策；另外，管理委員也可以隨時召開臨時會議，討論每棟樓內的個案處理工作。每棟樓房的外觀，固定每10年由房東委員規費出錢清洗；屋頂每15～20年做一次修護，欄杆門窗也會每隔固定時間油漆一次。

現今巴黎市的市容，能一直保持如此完整的結構，應該歸功於各棟樓房屋主們對自己房子的愛護；他們重視房屋保養工作的態度，就如同每戶人家應自行負責門戶大掃除工作一般地自然。

❶❷ 巴黎建築物都是大白石的原色，經風吹日曬容易變黑，大樓房東得自己出錢清洗整修；整修期間必須在鷹架外面掛上保護罩，避免意外發生。保護罩上有些也加上圖案。

❸ 巴黎鐵塔雖是巴黎的象徵性建築，但在建築期間，因為巴黎人強烈反彈，建築師艾菲爾還得搬到塔上住，以自己的身家性命作擔保，才得以順利完成。

❶

❷

③

想創新？先過「民眾關」

在巴黎市內，一旦出現新穎或造型比較奇特的建築，一定會引起巴黎居民的強烈反對。舉例來說：當初艾菲爾先生的鐵塔建築計畫，引發了1887年巴黎左岸市民的大規模示威，讓艾菲爾不得不特地搬到才蓋到第二層的鐵塔上，宣告與鐵塔共存亡，才順利地完成現在傲視世界的巴黎鐵塔。再舉另一例：當初貝聿銘先生設計出來的羅浮宮金字塔，也因為形式創新，而受到巴黎市民的嚴詞批評。

以上兩例，都是因為巴黎市民熱愛自己的城市，才會有那些反應。在巴黎市內，任何新的變化，都必須經過巴黎民眾嚴峻的審核，才有誕生的可能。

巴黎的前任市長Delanoë先生，為了想在已經老舊的Les Halles地區改造出一個新社區，專程請來不少世界知名的市容設計師，策劃出幾個不同的社區計畫；之後還在市政府特別舉辦一個新社區模型特展，讓巴黎市民有時間慢慢思考，再在特展區所設的票箱中，投下自己的一票，表決接受哪一個策劃；當地的居民到現在還十分感謝舊市長的親民政策。這個例子，應該可以讓世界其他民主國家大都市的市長們做個參考。

> 任何一件家具、器皿、用品，都必須符合精確的尺寸，才能下手採購（當然還是必須兼顧功能問題）。

法國人巧妙利用空間的設計

① 巴黎市的外觀整齊劃一，內容則各有千秋。
② 如此小坪數的樓層裡，還可以分成好幾間公寓。
③ ④ 巴黎的小公寓內，居然還可以擁有分開的廚房與飯廳。

法國大都市人口密度相當大，礙於市容規劃的嚴格規定，城市空間沒有拓展可能，因此靠近市中心的建築物內，滿是小坪數公寓。但無論多小的空間，法國人都能將內部擺設得五臟俱全，達到生活上舒適享受的要求。

精心設計小空間，造就優雅大城市

住在法國第一大城巴黎30多年以來，最讓我感到特別的地方，就是在這個受到法國古蹟保護法管制、建築空間已達完全極限的城市裡，每年處於人口密度不停上升的壓力下，竟然不會讓人感覺到擁擠的一面。除了在上下班巔峰時間，從郊區進出市中心商業區的車輛，的確會給人「繁忙」之感外，只要走進巴黎隨便哪一條小街道巷弄，看起來都比任何其他亞洲鄉鎮還要不熱鬧。

到底每年增加的人口都到哪裡去了？

依照邏輯來看，這些增加的人口，如果全都擠進這個幾乎不再增添任何新住宅的城市裡，每棟房子應該都已經人滿為患，而且住家條件應該非常差才對啊！

事實上，這卻一直沒有產生太大的問題，只是每棟樓房內部的隔間越來越多；而且每

戶人家在這麼小的空間內，還是能充分利用可以使用的空間來生活。所以我相當佩服這些居住環境如此狹窄的巴黎人，有這份安排及善用小空間的智慧與能耐。

比套房還小的公寓

巴黎市內類似我們家這種老建築相當普遍，這裡每層樓樓高約為2.3公尺，若不計公共設施，真正能使用的空間實際總坪數，大概是100平方公尺(約台灣的33坪)左右。每層樓幾乎都住了4戶人家，也就是說：大部分的住戶，只能擁有大約25平方公尺(約台灣7坪半)的空間，而且每戶人家都擁有衛浴和廚房。

我們的鄰居幾乎全是單身者，或者是一對夫婦，因此每戶人家差不多都是客廳兼臥室用。可以想像，在這麼小的空間裡，務必要好好的設計一番，才不會顯得過分擁擠。

到家具公司找幫手

為了兼顧活動空間與臥房的功能，最簡單、最普遍的客廳家具擺設方式，就是沙發床的運用了，法國的沙發床款式之豐富、功能之多，令人嘆為觀止；另外，廚房兼餐廳也是一種節省空間的方法。

法國的家具公司，為了這些小蜂窩式的家庭，設計了各式各樣巧妙利用空間的擺設；甚至在專賣家具的百貨公司裡，還會特別設立小公寓器皿家具空間設計的顧問中心，建議顧客如何計畫廚房和餐廳的空間與擺設；更好的是還提供了安裝服務，當然安裝工人

小空間多變化

❶ 法國大城市內的家具店，頗為費心替小坪數公寓著想。

下面所舉的的兩個例子，只是一些在大都會裡生活，但善於動腦筋做改變者的寫照：他們雖然只擁有一個小小空間，卻能夠充分利用現有的條件，創造出舒適的生活環境。相信只要肯充分發揮自己的想像力，什麼人都可以化身為自己的室內設計師！

五臟俱全的小麻雀公寓

波波夫婦住在總面積不超過35平方公尺(10坪左右)的公寓裡，但他們卻能在如此狹窄的室內，讓空間利用發揮到極致。公寓內不僅擁有一間不算太小(15平方公尺)的客廳兼飯廳，還能另外規劃出一間臥室兼工作室，再加上一間放得下浴缸的浴室、一間五臟俱全的廚房，和一間獨立的廁所。這樣的空間，居然還可以隨時邀請5、6個朋友到他們家吃飯，卻不會覺得太擁擠。

為節省空間，波波利用巴黎這棟150年老

的費用，得另外附加計算。雖然價格上也許比較昂貴，但是一般來說，安裝品質會比IKEA這種北歐DIY組合家具好很多，而且可以解決在小空間內難以自己動手安裝組合的困境。

因此，法國大城市內的家具百貨公司，像BHV或Habitat等等，所賣的家具或器皿，多偏向於小巧型或多功能型；連法國最大的DIY家具公司Lapeyre，也必須設立安裝服務部門，來吸引小空間住戶的客源。住在小空間裡的大都市人，都必須自己先動動腦筋，仔細測量過能使用的空間，衡量空間的形式和方位，來調配室內裝潢的位置，才能讓自己的生活過得舒適一些。

任何買來或租來的房子，房東都不會先裝修好再賣，或是附加裝潢再租給房客，所以每個法國新房東或房客，都得要有自己的一套裝潢設計技巧。

建築厚厚的牆壁，挖了幾個洞來擺設書籍器皿。每道牆壁上，都設置了整整齊齊、與書籍體積大小一致的書架；每一件廚房的家電用品放置處，全都是事先策劃，計算過體積大小，將空間分割得清清楚楚。任何一件家具、器皿用品，都必須符合精確的尺寸，才能下手採購(當然還是必須兼顧功能問題)。

他們家的設計擺設真的是面面俱到，電器用品、廚房用具應有盡有，一件不缺；因此，波波成了巴黎市內所有朋友搬新家之後，都會登門請教的室內整治顧問。

大都市裡的農家閒情

朋友艾娃住在一棟5層樓房的最底層，她在這裡買了兩間公寓，一間只有大約8平方公尺左右；另一間比較大，約30平方公尺左右。兩間公寓之間，有一塊大約20平方公尺的天井空地，是屬於整棟樓的公共用地；她向房東委員會買下了天井空地的使用權，花了幾年的時間，整頓出一個小花園。夏天的時候，她不僅可以請朋友在戶外吃飯，還可以在攀滿葡萄藤的藤架下乘涼，甚至每年還有葡萄可以收成！

她自己住在30平方公尺大的那間公寓裡生活，這邊有一房一廳，加上廚房衛浴設備；而花園另一邊8平方公尺的小空間，則是擺設了一張從跳蚤市場買來，歷史悠久的法國鄉間用古董床，並且裝飾了一些法國農村用的古家具；整體看起來，這裡就像是莫泊桑(Guy de Maupassant)小說中描述的諾曼地農舍──這是她特別安排給外國朋友住的客房。

最令人驚奇的是兩間公寓面對小花園的門戶都被拆除拓寬，改設成玻璃落地窗門；從室內望出去，視野所及，讓人有待在鄉下或原野間的錯覺，一點也不會感覺到自己其實是身在巴黎的市中心呢！

> "巴黎建築外觀的欄杆顏色必須一致，任何人都不可以隨意漆上自己喜歡的顏色。但只要花花草草不會掉落到地面上，傷害到行人，任何房子的欄杆內，都可以自行整治成一座小花園。"

法國人重視大都市的環境綠化

街道社區處處可見的小公園，還有林蔭大道中間的空地，都是上班族中午小歇的好去處、住在狹窄空間小家庭透氣的好場所，也是孩子們下課後發洩精力的好地方；讓都市人偶爾能忙裡偷閒，享受稀有的大自然。

林蔭道＝散步道

法國各大城市中心街道設計最大的特色，就是開拓了許多林蔭道，也種了許多樹木。以巴黎為例：巴黎市中心總共種了將近100萬棵樹；因為有這些樹，也引來無數不同種類的鳥類衍生。有位法國鳥類學家Olivier Labbaye，曾經特別花了幾年的時光慢慢尋覓、編冊，出版了一本《巴黎鳥類導覽》(Guide Des Oiseaux de Paris)。

❶

❶ 觀光客最愛駐足的名勝古蹟：巴黎聖母院後面的小花園，是住在此區孩童們僅存的安靜嬉戲場所。

❷ 巴黎市馬路中央的林蔭道，是當地居民散心的好去處。

❸ 羅浮宮前的杜樂麗公園，是附近居民偷閒與觀光客休息的好去處。

由於這些鳥類的傳播，讓巴黎四處充滿了各式各樣的野生植物。在前面我已經提過：巴黎的住家條件，比其他大城市還要狹窄；一般上班族下班之後，狹小的家裡只能算是吃飯睡覺的地方；幸好，巴黎這些林蔭道相當寬敞；不僅設有步道區，可以讓推著娃娃車的家庭主婦、工作壓力過大的上班族們散散步，還設了兒童遊樂場，甚至還會有幾塊空地，能夠讓市民進行騎單車、踢足球等活動；這些地方可說是附近市民紓解城市壓力的唯一去處。

社區好鄰居：小公園

　　巴黎的各社區內，設置了許多大小不同、擁有孩童遊樂設施區的公園，讓社區居民得以享受自然；這些公園都由各地區的行政管理委員會負責管理。有的地區有幸擁有歷史性的大公園，不僅市民可以享用，也是觀光客駐足的好地方。

　　例如河左岸最出名的盧森堡公園：這個傳統公園，是為了17世紀末亨利四世的皇后——義大利米蘭公國公主瑪莉而特別建造的，因為皇后非常想念娘家，所以公園裡都是義大利文藝復興式的建築。這兒是傳統左岸巴黎人散步運動的好場所，公園裡還附設了一張張活動鐵座椅，讓市民們可以自行搬動，以便享受陽光或看看書；另外公園裡也有西洋棋桌，是當地退休銀髮族每天下午聚集的活動中心。

　　整座公園以散漫自然的英式花園為特點，進了公園，就好像進了森林一般，巨大的栗

❶ 巴黎左岸居民最愛的散心處「盧森堡公園」。

❷ 法國人住所中很有個性的裝潢。

❸ 巴黎小公園中人行道上盛開的玫瑰花。

❹ 法國人住家室內種植的花草園藝。

❺ 從街道上看過去，巴黎房屋的窗口處處充滿了小「花圃」。

❻ 法國的花店和食品店一樣重要。

❼ 獲得法國市容評鑑會鑑定為最美麗城鎮的標誌。

❶

子樹四處漫生；林蔭小道內，偶爾出現一兩尊雕像，頗具詩意；巨大的池塘中，一艘艘小帆船在孩童緊握木棍的推動下，緩緩行進著，好似一座迷你航海戰場。坐在樹蔭下欣賞這些活動，再緊張的心情都會舒緩下來。

在比較大的公園裡，通常都有一座大圓亭，做為音樂活動之用。有些社區的文化委員會在週末邀請合唱團或樂隊來表演，娛樂區民。某些社區小公園，不僅是推娃娃車散步的好地方，亦是看小孩的保母們交流聚會的場所；同時每天4點半孩童下課後，一直到6點半晚飯準備好之前，這裡也是家庭主婦能讓孩子們發洩精力的唯一去處。巴黎市內，這種類型的小型公園比比皆是，不勝枚舉。

花花草草也是生活必需品

在法國典型的社區商店中，花店和肉店或麵包店一樣，都是日常生活務必光顧的地方；而且花店的工作人員必須經過專業職校訓練，擁有執照後才可以開業。法國人在社交活動往來時，通常都會帶上一束花給女主人，有些人甚至還會送些盆栽植物；這些都代表法國人對綠化的重視。

巴黎建築外觀的欄杆顏色必須一致，任何人都不可以隨意漆上自己喜歡的顏色，否則就算違法；不僅要罰款，最後還是得花錢漆回統一規格的顏色；不過，欄杆內倒是可以任意擺設盆栽花草。只要花花草草不會掉落到地面上，傷害到行人，每棟房子的欄杆內，都可以自行整治成一座小花園。

在法國任何一座大小城市中，住戶窗外通常都吊滿了各類花卉；而且每一個城鎮或市區，都有一個市容園藝行政單位，專職管理公共場所的花卉整理工作。這些專業園藝人員，將法國每個小地方都裝飾得「花枝招展」；因此在法國，走到巴黎著名的香榭大道上，會看到兩個大圓環中四季不同的搶眼花草盆景；走進地方小鎮的主幹道，也隨時可以看到兩旁的花卉競相爭艷。

　　法國的園藝管理局，每年還會針對各市鎮居民門戶花卉的種植擺設，以及整體的公共場所表現，做出全法國花卉園藝市容的總評鑑。進入任何一個法國鄉下小鎮，總會特別注意到地名看牌上的幾朵黃色小花星級標誌：小黃花的數目越多，就表示該市鎮居民越喜愛花卉藝術，市容的園藝表現越佳。

　　多樣式花卉藝術的外觀，突顯在法國各城鎮統一規劃的市容上，特別表達出法國人的個人性格；更可以引人想像：在這些整齊劃一的建築裡面，各家各戶的房屋內部，應該都是頗具個人風格的多樣式裝潢吧！

L'UN DES PLUS BEAUX
VILLAGES
DE FRANCE

法國人上班住公寓，假期住度假屋

法國鄉下越來越多城市人的休閒屋；許多城市人買下傳統農舍廢墟，花整個假期，自己動手整修農舍、種菜圃。他們為了能在度假期間回歸大自然，將許多傳統農村整個占據下來。

越偏僻越能紓解壓力

現代都市人的最大困擾，就是工作壓力造成的精神緊張。從70年代開始，許多都市人既嚮往置身大自然的鄉居生活，又離不開城市裡的工作；為了精神的紓困，這種度假方式流行已久：工作時住在大城市的小公寓裡，但存點錢買間鄉下農舍的廢墟，或者利用鄉下自己父母祖產的農舍，花整個度假期間，自己動手設計重新整修、種種花草，以稍微滿足重回大自然、並順便勞動一下筋骨的需求。

在他們決定到鄉野農村買下度假屋之前，總得先花上一段假日期間，到法國各地尋尋覓覓，挑選適合的農舍；越是窮鄉僻壤的地點，越是符合都市人的胃口。這種風氣，逐漸讓法國鄉下一些藏匿於荒郊野外、或是廢棄已久的農舍，統統都被都市人買了下來，重新裝修一番。這些度假期的消費群，雖

❶ 法國有許多像童話世界的小城堡。
❷❸ 法國人很享受自己蓋屋子的樂趣。
❹❺ 法國古城鎮裡一些藝術家自行經營的藝品店。

③

④

⑤

然使得法國許多瀕臨絕滅的農村重新活躍起來，可是也讓一些鄉下農村，因為全村幾乎都變成度假農舍，而完全失去了農業活動的經濟價值。

80年代以後，法國的都市新貴到鄉下買度假屋的想法，突然完全轉變，不再願意自己出力氣整修老舊農舍或種花蒔草，反而開始注意鄉下具有歷史文化的古城中，某些別具建築特色的房子，或是舊漁港靠海邊的房子。這些都市人的觀念其實還是一樣：將老舊的屋子翻新以供居住；只不過這些新貴改用花錢的方式，找地方工人來整修，讓自己真正能享受輕鬆度假休閒的樂趣。

藝術古城新概念

由於城市物價逐年提高，越來越多負擔不起城市工作室費用的藝術家們，只能選擇轉移到鄉下便宜的地點去創作。到了90年代，

一些比較具生意頭腦的藝術家們，聚集了一群創作風格不同的藝術家朋友，一起尋找比較具有歷史價值或建築特色的廢墟古城堡或山城，集合眾人之力一同整修，最後再一起安頓下來。他們把法國一些頗具風格但遭廢棄的古城堡或山城，裝修成一家家藝術工作室兼展示間。這種方式不僅能讓藝術家們安心創作，又吸引了許多觀光客駐足；藝術家

們還可以在這裡展示並販賣自己的作品，一舉數得。

像這種古都藝術文化中心的新觀念，讓法國許多幾乎被遺忘的風情小鎮、歷史山城，都重新復甦活躍起來；甚至啟發了地方政府的新措施：他們開始整頓一些屬於地方管理的歷史遺跡或古城廢墟，再將老舊房舍以公開招標方式，出賣或出租給一些具有特殊才藝的專業手工藝術家；讓這些從事皮革、木雕、銅雕、手工玻璃、手織染布等手工藝的專家，自己整修裝飾出一間又一間，具有個人風格的藝品店。

旺季人潮滿滿，淡季冷清像博物館

如今，在法國鄉下地方，只要是具有歷史文化價值的古城，絕大多數都可以看到不同特色的手工藝品店；而當地最古老的古屋或最具特色的建築物，則大部分都成了都市人的度假屋。許多沒落的窮鄉僻壤，因為擁有一些歷史古建築或古廢墟，而重新復興起來；許多荒廢的古堡，也獲得重新整建，改造為城堡旅館或餐廳。

這種時尚，讓許多古城只有在夏天或放長假期間才會充滿人潮，一到冬天淡季，當地的居民突然都消失了，一半以上的古屋都是空房。不過，也因為這些被整修過的古都，幾乎都恢復了舊時歷史性的外觀，若是在冬天或淡季時到這些古都旅行觀光，往往給人一種走在博物館裡參觀的錯覺。

這種新發展出來的地方性文化觀光旅遊觀念，讓法國旅遊業界多了一個新的促銷機會。法國人對居住環境觀念的改變，居然還能添增許多旅遊經濟效益哩！

> 在法國鄉下地方，只要是具有歷史文化價值的古城，絕大多數都可以看到不同特色的手工藝品店；而當地最古老的古屋或最具特色的建築物，則大部分都成了都市人的度假屋。

④⑤ 觀光淡季時走在整修過的古城鎮上，猶如走進歷史博物館。
⑥ 古城裡的古風味櫥窗。
⑦ 進了古城入口，恍如踏進時光隧道。
⑧ 古城鎮中藝術家自己經營的工作室。

法國人維護保存老建築的本領

法國人特別喜歡收藏古董，更喜愛有歷史性的老建築。住在百年以上的老屋裡，既要保存老屋原貌，又希望符合現代化住家條件，法國人自有一套特別的整修方式。

① 法國經典建築羅浮宮，在古典意境中添加了現代感。

② 法國老建築的室內裝潢，可以看到故意將石塊呈現出來的古色古香設計。

③ 有些室內大廳的表現完全是古典風格。

④ 現代雪白平整的牆面上出現突出的老木樑；這種新與舊的結合，就是躲在舊建築外觀裡的內容物。

只要一提到巴黎市中心內，每一棟建築至少都有150年以上的歷史，那些到巴黎旅遊的觀光客，心中最大的疑問就是：「這麼古老的城市，現代人要怎麼生活呢？」其實這個城市的內部設施，可能比任何一個現代化城市還要先進，並且內部裝潢多半都是經過巧手妙思，將新舊結合得不著痕跡。

冷氣、電纜都不見了？

從亞洲來的旅客，一定會注意到巴黎市中心沒有任何建築物有冷氣孔，而且許多歷史區也沒有任何天線和電纜；這都是因為市政府為了符合世界遺產古蹟的規定，嚴禁裝設任何在建築外表的設備。其實巴黎歷史區內的建築全是用80公分厚的大白石砌出來的，這些厚實的牆壁，讓室內猶如石穴一般，再加上每棟建築內寬大的中庭天井，通風效果比裝任何冷氣還好。

至於電線裝置，全都被導至地面以下，以避免掉落下來會造成路人的不便與危險；天線採新科技導向，只需放置於室內；導熱管也是設在地面下方，所以外觀當然看不到這些現代化產物。新大樓的建築，必須完全藏在老建築物外觀的後面；因此，許多新建築的建設方式，都是先將外觀整面牆用鋼架頂住，再用鋼架隔開各樓層，重新蓋一棟大樓出來，不過新大樓的外觀仍舊是古蹟。

外觀保持古老，內裝才准新潮

許多法國人在老屋內部的裝潢，都是採用將老建材原味換成新氣象的整修方式。例如內牆原是石材結構的室內，刻意暴露出一塊塊不規則的石塊；磚造建築物則故意讓磚塊原貌顯露出來；或者有木樑的部分，蓄意挑空表現等等；如果再配合上一些古典式的桌椅，會讓屋內呈現出古色古香的風格，但這時若加上一個具有現代感的開放式廚房，馬上能調和那股過度老成的感覺。還有一些法國人，在挑高樓層式的古屋室內，完全採用現代感的裝潢：一般樓層高度大約是2.4公尺左右，但17、18世紀的貴族建築樓層，通常可高達4～5公尺，幾乎可以隔成兩層樓；這種樓層經常會被改建成新式的樓中樓，用現代感的隔間，配合原本古老木樑的設計，在摩登中增添一分古意。這種混合了現代和古典風味的室內裝潢，就是通常藏在法國老建築外觀裡的內容物。

> 這個城市的內部設施，可能比任何一個現代化城市
> 還要先進，並且內部裝潢多半都是經過巧手妙思，
> 將新舊結合得不著痕跡。

用心保養才能歷久彌新

為了讓這些巴黎老建築的外觀歷久彌新，清洗外牆是唯一的方法。他們會使用一種巨型的磨砂吸塵器，將外牆石面磨掉薄薄一層，就能恢復建材原本的乳白色。清洗石壁的費用相當高，不過這些座落於歷史區內的建築物，市政府會補貼部分清洗費用。其他老城市的維修方式也很類似；一般歷史古城的公共修護費用，是由法國古蹟維護局從法國觀光總收入中提撥出來贊助的，此外，也有一些愛好古蹟的商業團體會撥款協助。

至於一些民間私有古董建築物的維修，通常因為屋主本身就是熱愛古建築的富人，對自己住家的維修費用大多不會太吝嗇，有些維修裝潢還達到奢華的程度。法國具歷史特色的老建築物身價很高，甚至是有行無市。法國人對老房子的喜愛與熱衷古董是一樣的；喜好尋覓古董老屋的人，通常都是對古董有相當研究的富有收藏家；每筆買賣的仲介利潤都相當高，一般不動產仲介公司可做不到這些生意，都是一些有特別關係的人在中間牽線。

看到法國人對歷史建築的重視，不得不讓我們反省自己：亞洲地區的歷史性老建築物，不僅常無法妥善維護，甚至還一間間地被拆除掉；實在是愧對歷史與祖先呀！

❶

法國傳統建築的外觀與內在

1. 法國布列塔尼地區饒富特色的古建築。
2. 老建築厚重的石牆，在夏天自然清涼，不需任何冷氣設備。
3. 布列塔尼地區保存完整的古城。
4. 四周的樹木，與18世紀老屋的綠色門窗相映成趣。
5. 配合屋內原為磚石的家具擺設，保留了古風的室內設計。
6. 庭園裡為孩子們設計的自由天地：「樹頂小屋」。
7. 仿古典建築的外觀，看不出其實是個火車站。
8. 巴斯克山上18世紀蓋的傳統老屋。

> 這些老先生或老太太們，退休了以後，開始創造這些天真純樸的藝術品，幾乎是數十年如一日、不眠不休地創作；每個人的創作特色都截然不同。

法國退休人自己動手創造的樂趣

一些上班族或工人退休後，開始設法實現工作期間因時間不夠而無法著手的創作理想，利用長期待在家中的悠閒時刻，將自己的居所變成藝術天地。

退休後圓藝術夢

偶爾開車行經法國鄉間，常會突然看到一兩棟獨門獨院裡，有不少堆在花園四處，奇奇怪怪的藝術作品。仔細靠近去欣賞一下，會發現這些大都是沒有受過學院訓練的素人藝術品。

因為從街道上，就可以看得到那些作品充斥了整座花園，我曾好奇地下車去按按門鈴，探訪了幾位這類藝術家。原來他們都是退休人士；這些老先生或老太太們，退休了

❶ 將住家變成童話故事城堡的素人藝術。
❷ 滿牆的塑膠花卉，表現出一派天真的逸趣。
❸ 純潔的白色世界，如童話般充滿想像力的素
　人藝術花園。
❹❺ 素人藝術的動物世界。

以後，開始創造這些天真純樸的藝術品，幾乎是數十年如一日、不眠不休地創作；每個人的創作特色都截然不同。

素人動物園

有位93歲的老先生，住家前的花園，幾乎稱得上是個完整的「動物園」。他花了將近40年的時間，用鐵架做出動物結構，再慢慢地油漆上色。現在他已經年紀太大，無法再製作任何新作品，但為了維護這些作品色彩的鮮豔度，還是得隨時繼續替它們上顏色。老先生一件件作品詳細解說，其中最特別的一件作品，是紀念他當初參加法屬東印度群島戰役時，在亞洲看到的水牛！

他還很驕傲地告訴我：他對面的鄰居退休了以後，也學他在花園裡擺設自己做的動物像。我轉過頭去，果然看到另一邊的花園裡，也充滿了各式各樣的素人藝術品；作品雖然沒有這位老先生的細緻，卻也另有一番風貌。

① 退休機械工老先生的花園，充滿了造型奇特、不停轉動的「風車」式藝術品。

② 素人藝術家正在照顧他的作品。

什麼都可以轉！

另一位85歲的老先生，花園裡到處都充滿了旋轉物，幾乎到了無路可走的程度。各式各樣奇怪的組合品，全都可以轉動，色彩十分搶眼。一陣大風吹來，整座花園的旋轉物開始轉來轉去，令人眼花瞭亂，相當奇特。

他太太對我解釋：他們初相識時，時常在一座大磨坊風車附近約會；當他們安頓在這座屋子後，他便在花園裡自己設計了第一個旋轉風車；沒想到退休之後，他開始一直不停地創作，作品都是旋轉物；其中還包括一個廢棄的瓦斯桶，也一樣會旋轉。作品中有各種模樣的小矮人、帆船、房子、娃娃、動物……，各式各樣的設計；大部分都是廢物利用，許多材料甚至是從垃圾場撿來的。

行動不方便的老先生，現在只能天天替這些作品上漆維修而已，無法再創作新作品了。他還很驕傲的對我表示：曾經有記者來到他家做特別採訪喔！

藝術之心永不退休

自從拜訪過這兩位老人家之後，自然而然會不斷注意到許多法國庭園裡，其實都有特殊造型的作品；想像中這應該都是住在裡面退休老人們的精心傑作吧！這也讓人聯想到自己年老退休後，或許也可以起而效尤，創造出一些新的藝術品呢！

法國各具特色的房子

❸ 很「綠化」的巴黎建築。

❹ 街角麵包店前幾乎被樹包圍了。

❺ 波爾多頂級酒莊裡18世紀的古老亭台，矗立在葡萄園中。

❻ 最頂樓的住戶自己設計的空中花園。

❼ 巴黎最老的建築裡面賣的居然是越南河粉。

❽ 地中海蔚藍海岸古街道。

Transports

法 國 人 的 行

> 住在巴黎30多年，從來沒有買過車，也不覺得有必要買車；只要知道如何搭乘公共交通工具，到哪裡其實都很容易控制時間，反而不會遲到。

法國大都市發達的公共交通

爲了避免交通阻塞，並減低汽車排氣污染，法國一般大城市對公共交通的規劃相當完整，以便利居民們能盡量多利用公共交通工具上班、上學。

❶ 這種無軌電車，是南特城市中心的樞紐公共交通工具。
❷ 巴黎市新增添的公共交通工具：自行車。
❸ 具藝術造型的巴黎地下鐵入口。
❹ 巴黎地下鐵內部，轉接RER大站之入口。

密密麻麻的公共交通網

任何人到了法國，都會發現各大城市的公共交通實在很方便。以首都巴黎這個擁有超過200萬居民的城市來說，巴黎市中心的範圍並不大，只分為20個區域，方圓直徑大約才20公里左右，公共交通網卻十分緊密。光是通行在巴黎市中心的地下鐵(Métro)就有14條路線，還要加上另外5條線，是與巴黎市地下鐵相接連的快速市郊火車(RER)，通往直徑大約130公里方圓範圍的大巴黎市郊區。

此外，巴黎市外環整個周圍另增添了有軌電車，這是提供給住在巴黎外環範圍居民的交通路線。在巴黎的市中心區，很早就特別開闢了公車專用道，讓公共汽車的行進能流通順暢。最近巴黎市市長又再加上公共自行車的設施，讓喜歡自由暢行的市民，能夠很方便地在巴黎市政府管理的公共自行車網各據點租用到自行車。

❶

採礦坑道另有大用

　　巴黎市地下鐵的成立是在1900年時代,當初是為了1900年在巴黎舉行的世界博覽會而設的。老實說,巴黎地下鐵能夠設立,也是因為巴黎這個城市的地下結構比較特別;打從中古時代開始,巴黎地下的石礦就被開採出來,做為市內建材之用,所以巴黎原本就有結構相當完整的地下道。1900年為了萬國博覽會而設的第一條地下鐵道,就是先利用一些原有的地下結構,再挖通出來的。第一號車道當時只是銜接巴黎的東西向,發展了100年之後,現在竟然出現了14條路線!而第十四號路線是第一條無人駕駛的現代化新型地下鐵。

　　現在地鐵全長已超過200公里,而且每個站的設計都不相同,各有各的特色。有些站裡還有街頭藝人駐唱;其中一些街頭藝人是流浪漢,他們常是一站站地進出賣唱;但有些藝人是經過地下鐵管理局特別挑選,真正有才華的表演者。這些經過地鐵管理局選出來的藝人,身上都掛了進出地鐵的識別證;他們不僅能固定在某些站裡駐唱,甚至可以販售他們自己的CD唱片。其中最特別的是在大站裡表演的樂團;由於地下道像石洞一般,裡面餘音繚繞,音響效果十分良好;時間充裕的過路客,不妨在地下鐵裡,享受一小段音樂會的藝術薰陶。

1 漫長的RER快速地鐵輸送帶。
2 3號線歌劇院站的地鐵進站了。
3 紅色公車是巴黎市內的觀光遊覽車，只停靠觀光景點。
4 巴黎公車的路線非常多，光是在巴黎市內就多達50條以上。

地下通路無遠弗屆

　　巴黎地下鐵約十年前開始推行悠遊卡制度，但還是保留單張地鐵票的購買制度，因為有些傳統法國人還不太習慣這種票制。巴黎地鐵票分為五段票，其中巴黎市中心大約為1～3段票，一次買10張會有優惠；另外還分為一日、一週、一個月的優待票。上班族通常買月票，因為法國的資方必須替勞方付一半的交通費，所以勞方每個月月底都需要將月票票根繳給公司報帳。

　　目前巴黎的地下鐵已經越來越少見人工賣票的窗口，幾乎都改用自動售票機。地鐵票與公車票通用，對習慣使用公共交通工具的市民來說，實在相當便利。地鐵內的轉站標示十分明確，連銜接各站的公車號碼，在地鐵裡都會標示出來。一大群人走在地鐵轉站地下道裡面時，會讓人感覺自己好像跟隨著一條長長的人龍，在洞穴中穿梭不息。巴黎的地下鐵景觀，相當獨特，與眾不同。

　　二次大戰之後，從法國各地到首都巴黎工作的法國人越來越多，整個大巴黎郊區人口密度越來越高，於是銜接巴黎大郊區的快速地下鐵在1961年成立，就是為了疏散這些來自巴黎郊區的工作人潮。在快速地下鐵RER的大站裡，設計新穎的商店四處林立，從咖啡廳、花店、小飾品店等特殊商店，到食品、一般成衣、皮包店等日常用品店應有盡有，就像一座地下城一般；而地鐵的銜接網更是密密麻麻，通往巴黎的四面八方，讓那

些住在巴黎郊區五段以外，超過1,100萬的居民們，能夠順利地進出巴黎市。法國最大的城市巴黎，不論在行政或經濟方面，都得靠這些四通八達的地下交通網來維繫與發展。

不睡覺的公車

法國還有一項相當重要的交通工具，那就是公車。公車在19世紀就誕生了；最早的公車是馬車，後來使用蒸汽車，最後才是柴油車。現在大部分的公車都是電車；這種既安靜又方便的公共交通工具，載著法國大城市裡各角落的市民進出市區。光是巴黎市中心區，就有50幾條以上的公車路線；另外還有多條從凌晨1點～5點之間行駛的夜間公車。此外，行駛在巴黎郊區，或是銜接巴黎市中心的郊區公車，更高達200多條路線；只有這麼龐大的公車網，才能真正符合大城市裡各個小地區居民的需要。

以大巴黎直徑130公里的範圍，人口超過法國五分之一的密度來看，目前大巴黎的公共交通網已經足以紓解這些廣大民眾的流通量了。基本上，巴黎的市民根本不需要自己買車當交通工具。我住在巴黎30多年，從來沒有買過車，也不覺得有必要買車；只要知道如何搭乘公共交通工具，到哪裡其實都很容易控制時間，反而不會遲到。

❶ 巴黎地下鐵站的入口柵欄，也成了自行車族停車、鎖車的地方。

❷ 公用自行車租用站，上有信用卡插入口和密碼輸入鍵盤。

❸ 公用自行車採用電子儀表。

❹ 自行車專用車道指示。

❺ 蒙馬特山區特有的公共纜車，可以使用地鐵票搭乘。

❻ 蒙馬特山上的觀光小火車。

自行車，跑得快

巴黎還有一項廣受歡迎的公共交通工具，那就是公共自行車。在巴黎市中心各個角落，設了許多自動租車站；只要使用信用卡，在任何一個租車站旁的機器上按選項鈕，就可以租借自行車一段時間。採用信用卡的付款方式，是因為每次租借車子時，每台機器都會自動刷一筆信用卡擔保金；這筆擔保金並不會與租用金同時入賬，只有租借人不小心將自行車弄丟時，公共自行車管理局才會自動扣取信用卡擔保金。

從一個定點站租借的自行車，可以騎到目的地附近的租車站再歸還；當某個租車站的車子都被借光時，自然會有一輛平台式的大卡車，從閒置車數飽和的租車站調車，載到幾乎被清空的租車站去安裝；這種流程，讓每個租車站都能一直保持有車可租的狀態。巴黎市政府為了這些「鐵馬」，還特別開闢了許多自行車專用道，讓愛騎自行車的巴黎市民能好好利用。不過至今法國一般開車人士進了巴黎後，還不太習慣處處會遇到這種「人力車」，所以到目前為止，仍然經常發生自行車騎士被撞倒的交通事故。

法國都市人愛走路的習慣

法國都市人習慣在城市裡步行；不論在林蔭大道或狹小巷弄的人行道上，經常可見到絡繹不絕的行人。法國每個大都市的規劃，都會將整個市區分成幾個大小不同的社區，每個社區各自擁有市集和民生必需品商店，而且地點相當集中。因此，法國都市人的習慣，都是在靠近自己居住社區附近的商店或市集購物買菜，很少特別開車到其他商業中心去購物。這種仰賴地區商業的生活方式，也讓這些都市人養成喜愛步行的習慣。

長期在街上走路的習慣，變成社區居民聯繫情感的最佳方式。如果有機會慢慢在巴黎各社區街道上散步，經常可以看到路人與其他行人或商家老闆揮手打招呼的舉動；這種習慣幾乎是大都市居民的日常禮儀。路上通常還會看到推著菜籃站在街頭談天的婦女；或者推著娃娃車的父母們並肩而行，一路討論育兒心得的景象。在各家學校附近，一到小孩放學，常常都是一群孩童走在前面嬉笑玩樂，後面跟著一群家長沿路閒話家常。

以上這些情景，都是法國城市最常見到的日常生活寫照。即使是在法國城市交通大罷工的特殊時期，那些必須走路上班的都市人，步行中的神情都還是保持一貫的平靜溫和。由此可以看出：法國都市人與其他國家大都市居民有一項最大的不同，那就是他們有愛好步行、不怕走長路的好習慣。

私家車行路難，公共交通當紅

前任巴黎市長德拉諾維Delanoë先生，堅持發展無污染的公共交通工具，現已實施的措施包括：使用電公車、設置公共自行車供租用、在市中心規劃許多公車專用道，並設立自行車專用道。另外為了鼓勵巴黎擁有私家車的市民盡量少開車，減少外地進城的車

輛，對居民在自家社區停車的費用有特別優惠，並加倍徵收外地來車的停車費；此外市內停車位和私用車的車道也都予以削減。

這樣的政策，短期內當然會造成巴黎平時工作日交通的大阻塞，但久而久之，從外地進城的車輛逐漸減少，巴黎市民也漸漸習於只在週末才使用私家車，平常出門盡量利用公共交通工具；巴黎市內的污染情況因而改善不少。

> 買便宜車票時,最好也同時選購鐵路公司提供的「無法履行旅程保險」,一旦行程不得不有所變更時,才能由保險公司負擔票價方面的損失。

法國人搭火車旅行的習慣

搭火車一直是法國人的傳統,目前法國鐵路局也提供各類優惠方式,鼓勵法國人繼續搭乘火車。火車速度與相關科技的進步,讓越來越多法國人樂於利用鐵路交通上班、上學及旅遊。

法國人永遠的溫暖舊夢

從1814年開始,法國開始採用蒸氣火車做為鐵路運輸工具;之後法國人便逐漸養成搭火車旅行的習慣。法國的鐵路運輸從19世紀的蒸氣火車,演變到今日的TGV(Train à Grande Vitesse)高速電車,這種技術方面的進步,讓每個法國人都感到驕傲。

法國人對火車一直保持著傳統的情感,每個人談起火車,一定會帶著某種懷想念舊的神情。法國電視節目的紀錄片放映異國風光時,通常會先從火車經過的風景帶入;而一般法國人談起自己的旅遊歷程,也常少不了會提到自己第一次搭乘火車的經驗。火車對法國人來說,幾乎是生活上不可分離的一部分;由此不難想像:當法國全國火車大罷工時,對法國人產生的影響有多大了。

① 法國傳統老式電動火車頭。
② 法國銜接各地的地方性火車。
③ 當日進出火車站的車班時刻表螢幕。

歐洲重要交通樞紐

　　說起火車運輸的重要，務必先提到巴黎市。巴黎市是一個銜接歐洲各大城市的樞紐轉運站；由於從歐洲各地來到巴黎轉車的人次非常可觀，因此巴黎市必須將各大火車站分開，才能疏散這股龐大的人潮。

　　巴黎市內一共有6大火車站——**東站Gare de l'Est**：迎接從東部來的乘客；其中最主要的是從德國、盧森堡方向過來的人潮。**北站Gare du Nord**：銜接從法國北部轉車到法國其他各地的乘客；目前也是英國人進入歐洲大陸、或歐洲大陸人轉往英國的最快速銜接點；除此之外，這裡亦同時是前往北部鄰國比利時、荷蘭阿姆斯特丹的主要銜接點。**里昂站Gare de Lyon**：是從法國東西北各處，轉往南部陽光大道最直接、最快速的主要接點。**孟帕納斯站Gare Montparnasse**：是將法國東北各地來的人潮，轉往

西部海岸的主要據點。另外還有**奧斯塔里茲站Gare d'Austerlitz與聖拉薩站Gare Saint-Lazare**，在通往法國其他內陸重要大城方面，承擔了相當吃重的轉接工作。

　　可想而知，從巴黎每個大站開出的火車，不只銜接法國各地區，同時也銜接了英國及歐洲內陸的各大城市。鐵路網絡功能之重要，可說是法國重工業最主要的重點。

火車快「飛」——快得不得了！

　　1900年法國火車由蒸氣化轉為電氣化之後，火車車速逐漸提高。當時與歐洲鄰國鐵路的連線，已經有許多重要的幹道，但超高速鐵路TGV的構想，卻要等到日本新幹線在60年代誕生後才開始發展。當時法國國家鐵路局深深體會到：運輸交通工具日新月益，從汽車到飛機，其科技都不斷在快速發展；

❶ 法國鐵路局的驕傲：TGV高速火車。

以傳統火車的速度，實在無法與之競爭。那時候的法國鐵路若想現代化，最大的困擾在於傳統火車道的鐵軌問題；不論想翻新或重新規劃全國的鐵路軌道，所花費的金錢、人力、精力都會十分龐大。

經過了幾十年的努力，1981年第一條從巴黎到里昂的高速鐵道總算出現了；當時的平均車速達到時速260公里，而最高車行時速則是380公里。之後TGV高鐵公司仍繼續致力於增進行車速度；到了1988年，東南高鐵道(TGV Sud Est)的最高時速達到408公里；1990年亞特蘭大鐵道(TGV Atlantique)的最高時速達到515公里；2007年，東歐鐵道(TGV Est Européen)的最高時速，更是創下了574.8公里的世界紀錄！

今天TGV高鐵公司已經擁有6條主幹道：從巴黎到里昂，連接東南方向的TGV Sud Est幹道；延續東南方向到阿爾卑斯山省分部分的TGV Alpes幹道；從東南方繼續往地中海部分省分延伸的TGV Méditerranéenne幹道；銜接西部海岸線的TGV Atlantique幹道；往北方向的TGV Nord；自東部繼續銜接東歐鄰國的TGV Est Européen。之前法國TGV公司因為電影《達文西密碼》的拍攝團隊，包下一列TGV專車，創下最長途直達火車的最快速世界紀錄：從英國倫敦直達法國坎城，全長1,741公里，中途不停，總共只花了7小時又25分鐘的時間！

勤上網，優惠多

法國鐵路局為了鼓勵大眾搭乘火車，設立了多種優惠卡，讓各年齡層的乘客都能享受優待。除了60歲以上以及青少年(12歲以上，未滿18歲)可用的鐵路旅遊折扣卡以外，最特別的優惠措施是：先為一位未滿12歲的兒童買張有效期一年的兒童伴遊折扣卡(Carte Enfant+)，之後每次購買火車票時，就可以讓持卡兒童以及4個隨行成人同時享受半價優待。還有一種長途鐵路旅遊優待卡(Carte de grand voyageur)，讓長期坐火車的旅行者，能享有特殊優惠待遇。

另外，上法國國鐵網站(en.oui.sncf/en)買火車票，經常可以看到特殊的折扣價；若提早購票甚至還可買到非常便宜的票價；尤其是在「Best price Finder」欄裡，常常可以買到最便宜的票。一般來說，優待票要盡量提早查詢才買得到；若是在淡季，或是非假日期間購買最後一分鐘才決定的票，有時因車上還有不少空位，鐵路公司也會提供較便宜的票價。不過，上述這些優待票都必須上網才買得到，而且須使用信用卡付清全數費用；一旦臨時取消行程，便會損失全部或部分費用。當然，顧客在買這種便宜票時，最好同時選購鐵路公司提供的「無法履行旅程保險」，一旦行程不得不有所變更時，才能由保險公司負擔票價的損失。另一方面，火車票也有類似航空公司旅行公里累積點數換取免費票的優惠活動。

以上種種優惠策施，都是法國鐵路公司為了鼓勵大眾乘坐火車所特別提供的促銷活動；這些措施除了嘉惠一般人，也讓低收入的法國人能夠擁有搭乘火車旅行的機會。

火車來了，人潮來了，錢潮也來了

法國鐵路的營運單位，可分為兩個主要體系：經營樞紐主幹道的國家鐵路局SNCF，以及經營各省分地方連接幹道的地區鐵路管

理局TER。法國境內大大小小的火車站共有2,700多個，這些火車站的周邊經濟效益相當高。除了TGV站為了避免高車速帶來高分貝噪音，影響大城市居民的安寧，不得不把車站設在各大城市郊區，其他地區的火車站，都是設立在各城鎮的心臟地帶。

火車站能為各城鎮帶來繁榮的經濟活動；有些小城鎮只因為擁有火車站，甚至變成地方經濟中心。有了火車站，不僅方便地方勞動人口的交通運輸，更可以吸引散居周邊地帶消費群眾的購買力。法國的鐵路運輸業，不只創造了地方的經濟效益，還將本身的鐵路系統和科技出口到全世界各地。

法國重工業中，鐵路工業占了舉足輕重的地位；法國當局花費可觀的經費研究，現在已經能將法國最感驕傲的TGV快速火車技術，出口到世界其他各國。所有這些鐵路事業不斷進步的主要源頭，都是來自於法國人喜歡坐火車的習慣；這種習慣，推動了法國整個鐵路事業的成就。

> 這種先將前車撞開一點距離，再將後車往後撞遠一些，然後將自家車身硬塞進窄小位子的停車方式，可說是法國都市人開車務必學會的最基本停車法。

法國人只把車子視爲代步工具

法國人買車以實用爲重；城市內停車困難，一般小型國民車十分吃香。平日不買車，假日靠租車出遊，則是另一個省錢又省事的好選擇。

實用比炫耀重要

一般法國人只把車子當作工作或出遊的代步工具，很少人會刻意買輛名車來招搖過市。除了住在郊外或公共交通不便地區的人以外，住在城市的法國上班族，大都不喜歡開車上班。這是因為大城市裡的停車位不僅非常昂貴，而且一位難求；為了找停車位，常常必須在同一地區繞上好幾圈，往往誤了正事。如果隨地亂停車，被抄了牌，不僅罰金相當可觀，車子也有遭拖吊的可能。

台灣也看得到的方便小車「Smart」

生產Smart汽車的MCC公司成立於1994年，當初是汽車業巨擘Mercedes-Benz和手錶業巨頭Swatch公司創意合作的產物。管理中心設於德國斯圖加特市，但生產工廠則位於相距不遠的法國Hambach海姆巴赫市。

「Smart」這個名字裡的S代表Swatch，M代表Mercedes-Benz，而剩下的art指的就是「藝術」；合起來的「Smart」又有聰慧敏捷之意，正符合了這輛車的設計理念。

❶ 法國大城市裡車位一位難求，停車相當困難，小型車反而成了大眾的最愛。

❷ 從法國任何小機場出來，都會看到外面排滿了出租汽車，對人生地不熟的外地客十分便利。

Do you know……

車子對都市人而言，是麻煩多於實用，許多人都到實在不得已時才開車出門。因此，法國都市人有的另外在近郊買停車位，平時將車子安頓在停車場裡，等假日再開車；或者乾脆不買車，需要時再採取租車的方式出遠門。

「碰碰」停車法

法國大都市的空間有限，停車位不但稀少，費用昂貴，而且車位相當狹窄。法國的三大汽車工業巨頭，不論是雷諾、雪鐵龍或寶獅，所生產的輕巧外型國民汽車，都是針對大都市窄小停車位所設計；而且為了停車方便，在車頭車尾一定會設計一片橡膠板。這是因為在城市裡停車時，常常必須用點力撞前車、擠後車，才騰得出足夠停車的小位子，此時就得靠這片橡膠板，來避免前後板金受到損害。

這種先將前車撞開一點距離，再將後車往後撞遠一些，然後將自家車身硬塞進窄小位子的停車方式，可說是法國都市人開車務必學會的最基本停車法；因此，開輛高級名車進入類似巴黎這種大都市中心，對於汽車本身而言，實在是一種既浪費又危險的舉動。再有錢的巴黎人，如果非得開車進市區，家裡一定會準備一輛專門上市中心用的破車子，這樣停車才會方便。這就是為什麼大部分的巴黎市民，寧可乘坐公共交通工具，或乾脆走路進市區的原因。

設計汽車新趨勢：小而省

這些大汽車工業設計出來的國民汽車型態，都非常符合法文中汽車「une voiture」這個字的俚語——叫做「une caisse」(小方塊)；例如雷諾設計的大眾車「Twingo」，外型小巧，內部卻相當寬敞。法國還出現一家

「1968年大學潮」是怎麼一回事？

法文稱為「Mai 68」(1968年5月)，指的是1968年從巴黎大學開始的學運。這場學運後來轉為工潮，到了5月13日，擴大為全國整體性的大罷工，引發數十萬人上街遊行抗議，全法國幾近癱瘓。這是法國歷史上非常重要的一項社會運動事件；影響所及，不但改變了一般法國人的生活哲學觀，更加強了勞工階級爭取權利的信心。

這場社會運動，逼迫統治了十幾年的戴高樂總統引退，也讓法國勞工的基本薪資提高30％，獲得5週領薪假，以及醫療、退休等社會福利；並在70年代時期，間接影響了全世界的社會運動。

❶ 停車場上只看得到停車方便的小型車。
❷ 法國十分盛行租車，既省事又可以隨時換新車。

汽車公司，只生產一種僅能容納兩人的座車「Smart」；這種與摩托車功能幾乎相同，外型看起來像迷你玩具車的小型汽車，相當符合現代一些不打算生育的夫婦、或是單身都市人的需求。Smart剛上市時銷路非常好，引發其他大汽車廠後來逐漸跟進，生產越來越小型汽車的風潮。

近年來，能源問題越來越受重視，目前許多汽車業者都在研究使用新能源的汽車。新的能源包括電能、太陽能、生質能源(由生質物——如植物之類轉化產生之能源)等等；目前這類汽車的生產成本仍然處於過高狀態，所以還無法完全普及，但這卻是未來汽車工業的必然走向。每年在巴黎舉行的世界汽車展中，這類型的汽車越來越多，儼然成了展示會場的新貴車種。

法國重工業主角

近幾年來，法國人對汽車的消費需求越來越低；汽車公司為了刺激民眾購買新車的意願，提出各種優惠分期付款、或協助辦理銀行貸款等促銷方法。另外，政府方面為了道路行車安全，特別設立老舊車淘汰條例：規定超過10年車齡的老舊車，每年都要接受整體功能的鑑定；合乎標準的汽車才能繼續上路，否則就強迫銷毀。雖然這種政策間接鼓勵了新車市場，但由於經濟蕭條的關係，目前法國各大汽車工業都面臨衰退危機，甚至必須關閉工廠。

汽車工業一直是法國最重要的重工業，雇用了廣大的勞工群；一旦發生經營危機，對法國整體經濟十分不利。汽車工業影響之大，由下列史實可窺見：發生於法國1968年的大學潮，後來演變成雷諾汽車工廠的工潮，最後迫使當時的總統戴高樂辭職，由龐畢度副總統接任。歷史的教訓，讓後來每個上任的新政府，都特別小心看待汽車工業的問題。

❷

不用買也有車可用

法國汽車消費群當中，租車公司占了十分重要的地位。有些法國人不願為了偶爾度假或出趟遠門而買車，所以採取另一種比較划算的私人交通運輸方式——租車。法國人租車的習慣相當普遍；在法國，Avis、Hertz、ADA等大型租車公司，租車的制度十分完善，租車網遍布全法，甚至遍及全歐洲大陸。

租車最大的好處，是這些租車公司在法國各處都設了服務站，一旦車子出了問題，當地的服務中心馬上可以調派修車人員到場服務，甚至可以當場提供另一輛車讓租車人應急。這些都是駕駛私家車無法比擬的基本好處，一般私家車若是在旅程中發生問題，通常只能靠自己在人生地不熟的地方到處找修理站了。

租車公司的車型目錄選擇度很廣，可以出借歐洲各種等級的汽車。例如Avis租車公司本身是法國公司，通常會和法國大汽車廠合作，出租車多半為法國三大名牌的新車。租車的方式也很方便，可以直接上網訂車，也可現場租借；不論在機場或各大城市的火車站內，都設有租車公司的服務站。在法國機場或火車站內的旅遊局，還特別設立火車、租車、飯店的全套服務中心，但價碼並不便宜；好處是能為那些必須隨時爭取時間，經常在歐洲各大城市跑進跑出的各大公司銷售人員們，省下許多安排旅程的時間和精力。

租車時必須準備信用卡；租車公司會先刷一張汽車保證金單據，以預防還車時因車體損害引發糾紛；但一般只要損害不太嚴重，租車公司並不會太吹毛求疵。租車價錢分平常日以日計價，以及週末租車價、還有一週或一個月的優待價等等；價碼隨車輛等級而有不同。法國人週末或夏季租車的人特別多，此時通常必須事先預約才訂得到車。

一般而言，一年內就算每個週末都租車、整個夏季都租車、每個假期都租車，加起來的費用，還是低於買一輛同等級的汽車，然後攤提一年的折舊率，再加上保險費和保養費的總支出；更何況用租車的方式，年年都可以開不同款式的新車。難怪有些法國人寧可經常租車，也不願耗費巨資買車。

> 在重要的幹道上，通常可以看到大大的標示牌：藍色表示高速公路、綠色表示國道、白色則是地方省道；開車人可以自由選擇。因為高速公路必須付費，不願付費者可以轉入免費的國道或省道。

❶ 法國小城鎮道路上處處可見的圓環，這是為了讓車輛進入城鎮必須減速而設計。

❷ 藍色標示牌是高速公路，綠色標誌是國道

❸ 白色標示牌是省道。

法國人的道路規劃

法國各大城市外圍都環繞了一圈外環道，以避免大批的過路車輛進出市中心區。高速公路旁設輔佐道，分散交通巔峰瓶頸；省鎮地方則自設附屬道，便利地方車輛流通。

法國全國的行車道路網絡，就像人體大大小小的粗細血管一樣複雜。從國道中心道路所衍生出來的密密麻麻小省道，多到不計其數，更不用提那些銜接全國各地高速公路的周邊幹道了。法國大城市外圍有外環道、高速公路有輔佐道、地方省鎮有附屬道，都是為了避免交通堵塞而設立；主要的幹道，最後都會通往某個大都市。

法國的高速公路在地圖上是以大寫「A」(Autoroute)為標誌；國道以大寫「N」(Nationale)為標誌；省鎮地方道路則是用大寫「D」字(Départementale)做標誌，分類十分詳細複雜。在重要的幹道上，通常可以看到

大大的標示牌：藍色表示高速公路、綠色表示國道、白色則是地方省道；開車人可以自由選擇。因為高速公路必須付費，不願付費者可以轉入免費的國道或省道。

不同路，不同速

　　高速公路設有高低速限：最低速限不得低於時速90公里，最高不得超過時速110至130公里；而國、省道時速不得超過80公里，有些地方的省道時速則不可超過70公里；經過市鎮內部時，時速不可超過40公里。公路旁隨時會有速限告示牌，提醒開車人士注意速度的限制。

　　近幾年來，為了降低道路交通事故的發生，法國公路警察局特別加強車速管理，不僅到處設置自動測速照相機，交通警察也可能隨時躲在隱密處，用手動測速機偵測車速。只要有3次以上的超速違規紀錄，就有被吊銷駕照的可能。

環城道讓市區通暢

　　此外，在法國各大城市外圍都有一圈環城道路，這是在80年代左右完成的最主要市中心車流疏導管道。由於法國的大城市中心多半是歷史區，充滿古老建築，內部街道大都十分狹窄而複雜；自20世紀起年年逐漸增加的進出車輛，越來越常引發大城市的內部交通堵塞。環城道的設立，目的就在於讓不需

要穿過市區的車子繞城而出，不必經過市中心；這樣真正需要進入市中心的車子，才能夠享有順暢的交通。

一日之始在於「塞車」！

　　以巴黎這個大城市為例：每天進出巴黎的車輛吞吐量，已達到200萬輛車次左右；目前每天塞車最嚴重的地方，就是環城道。巔峰時間從早上7點開始，通常要到10點左右，壅塞狀況才得以慢慢緩和；而下午巔峰時間從5點開始，一直持續到晚上8點之後。住在郊區但每天必須開車進出巴黎的人，平日若是早上5點出門，晚上8點半回家，則中間大約會有4～5個小時，是在車內度過。

　　每逢夏日度假期間一開始，塞車狀況更是糟得令人難以想像。尤其是6號高速公路往南部蔚藍海岸的方向，光從巴黎出環城道，到達第一個高速公路交流道，就得至少花上5個鐘頭！可是巴黎人還是年年重蹈覆轍，老是在這些時候出門加入塞車陣容。雖然政府一再呼籲巴黎人盡量將度假時間錯開，甚至增添了不少新的輔佐道，但是6號公路上的塞車景象，仍舊每次在假日期間如期上演。

Education

法 國 人 的 育

❶ 法國孩童從幼稚園開始接受學齡前的啟發教育。

❷ 幼稚園的布告欄，公布了一星期的預定菜單以及課程活動。

❸ 爸爸媽媽在學校門口接孩子，沒有人接的孩子會待在學校一直到晚上6點半，再沒人來接時，只好送去警察局。

法國托兒所專職化和家庭組織化

法國公立托兒所數量有限，所以政府特別成立了家長組織化的托兒所，由特殊機構提供訓練，讓這些無法將孩子送進托兒所家長，自己安排輪流看顧及教育兒童。

上班族父母的救星

法國媽媽產假頂多3個月，等孩子一斷奶，就必須回去工作。法國人的祖父母偶爾可以帶帶孫子，卻絕少專職幫忙；因此，大城市上班族的孩子們，通常在3個月大後，就得送到專業保母家或送進托兒所(Crèche)。

法國公立托兒所的制度十分健全，工作人員除了保母以外，還有育嬰護士，負責照顧幼兒健康；以及幼兒教育師，專門啟發幼兒的基礎學習能力。這些人員都受過專業訓練，擁有特別證書後才可以工作；但是公立托兒所的容納量有限，並不是每個孩子都能在3個月大就進得了托兒所，通常在排隊等候期間，只能暫時送到專業保母家。法國的家庭保母，也必須特別受過訓練，才有資格在家看顧別人的小孩。如果孩子送給非法保母看顧，出了問題，保險公司可不會理賠。

我記得我兒子到8個月大時，才擠到一個公立托兒所的位子。托兒所的規定：早上8點

～10點之間，都可以把小孩送過去，但晚上6點以前就要接回家；生病的小孩不可以送去托兒所，以避免傳染給其他幼兒。每當父母親去接孩子的時候，托兒所的老師都會詳細對父母報告幼兒整天的活動和行為，並共同討論孩子的特性和喜好等等；護士則會報告孩子一天的身體狀況，讓這些無法在家做全職父母的雙親能夠心安。

不輸專業的家長組織化托兒所

有些地區的孩子數量太多，公立托兒所人滿為患；家長們一直等不到位子時，就可以想辦法送去所謂的家長組織化托兒所(Crèche Parentale)。這種托兒所通常都是小規模，多半由政府供應場地，補助聘請育嬰護士的費用；其他照顧幼兒的工作，則落到各個家長的身上；也就是說由家長彼此之間安排時間，來分擔照顧一整群孩子的工作。這些家長必須事先上過育嬰課，學習如何教育幼兒等基本常識，再經由家長之間相互研究討論、成立組織，共同照顧幼兒。

這類家長組織化的托兒所，實際上並不輸

❸

給專業的托兒所，只不過空間會稍微狹小些，孩子的活動比較受限制。而且，想要進這種家長組織化的托兒所也不太容易，和進專業托兒所一樣，要排隊等待政府機構安排。

教學活潑的幼稚園

法國的小孩子到了2歲半或3歲左右，只要不用再包尿布，就可以上幼稚園了。通常在托兒所得到啟發教育的孩童，進幼稚園之後，很容易就可以習慣團體生活，也會在園中獲得基本的智能教育。

幼稚園分為小、中、大3班制，一班大多以25個孩童為限。法國從幼稚園開始，就算是義務教育；幼稚園的師資，必須是師範學校畢業的專任老師。專任老師可以自己決定教材，安排戶外教學等活動；班上除了專任老師外，還有保母特別負責照顧兒童。幼稚園老師的工作，在於啟發學齡前兒童對繪畫、音樂、語言等學習的興趣，並教導幼兒在團體活動上逐漸學習獨立。

我的朋友愛維茲當了25年的幼稚園老師，她每年都自己安排不同的教學課程。有一次還安排班上的孩子拍攝卡通片：她先讓每個小孩畫出不同動作的圖片，再將這些連續動作快速拍攝成3分鐘的短片。孩子們看到自己製作的片子，都興奮得不得了。她也特別在幼稚園的小花園裡，闢出一塊士地，教孩子們自己播種，種植花草，讓他們能學習觀察大自然中的生命現象。法國有許多真正花費許多心思，著重啟發孩童智慧的幼稚園老師，愛維茲只是其中的代表之一。

> 小學生只需學習歷史地理與人文科學的基本常識，培養獨立思考和組織的能力，並打下語言的基礎。

法國人讓小學級任老師自主規劃教材

法國的小學指導老師，可以自己決定教材和進度，安排參觀各美術館等教學活動；他們也會帶孩子到鄉村原野，學習在大自然裡生活。

❶ 小學的校外參觀活動，通常需要幾位家長陪伴協助。
❷ 法國羅浮宮內經常可以看到的小學生校外教學團體。
❸ 剛剛結束校外參觀活動的小學生，中午回到學校用餐。

靈活的小學教育方式

法國小學學習過程共5年，從6歲入學上到11歲。公立學校的學生，都是學區內附近範圍的小孩，一個班級有25～30個學生；學生家長幾乎都是社區鄰居，彼此互相認識。

小學生只需學習歷史地理與人文科學的基本常識，培養獨立思考和組織的能力，並打下語言的基礎。教學課程由各校方自行制定，每個級任老師自己準備教材、安排進度；不過，教育局每年會先規定一套各年級程度的教學標準進度表，而且一年一度會特別指定一天，實施總抽查某年級學生的程度鑑定考試。平常只由級任老師自行定期測驗，測驗成績通常不打分數，只分ABCD共4個等級。

學期結束前，級任老師必須提出學生程度整體性的書面報告，由孩子自己帶回家給家長簽名；或是由級任老師與家長個別會面討

❶

論，當面將書面報告交給家長。只有級任老師認為程度實在太差的學童，才會實施留級的措施。法國教育局允許小學老師採取自由選擇教材的靈活教學方式，所以老師們可以視孩子的天性與資質，選擇各種啟發教育的方法。

實地參觀，了解最深刻

以我兒子為例：他小一和小二時的級任老師比較重視歷史文化，孩子們好像也對這方面特別感興趣，所以老師好幾次帶著這群孩子，到羅浮宮參觀埃及和羅馬的歷史古物。所有資料都是老師事先在課堂上教學的內容，現場再讓孩子們做實地的了解；參觀時或許用填寫問卷的方式、或者由博物館導覽員帶領說明，讓孩子們一起觀察討論。

通常由老師帶領的課外教學參觀活動，都必須邀請幾位學生家長自願陪同照顧；由於

我自己本身從事博物館導覽工作，陪伴他的班級一起參觀了幾次羅浮宮，幾次都讓我和羅浮宮的導覽員感到非常訝異：以這些孩子的小小年紀，居然對希臘、埃及神話，以及羅馬的歷史背景如此了解！

這種實地教學方式，能夠深刻加強孩子們的學習印象，當然也只有住在巴黎這個歷史古城，擁有40個以上的美術館，才能享受到這種實地教學的好處；不過即便有這麼好的環境，還是必須要有教學用心、態度認真的老師，才會花這麼多時間來安排這類活動。

①② 法國小學教學課程相當有彈性，
還可以到鄉野過團體生活，學習
與動物相處。

③ 法國的「綠化教育」，讓孩子可以從
各種實地經驗上中學習。

處處皆學問，樣樣都可學

法國地方政府的教育預算中，還編列了所謂「Classe verte」(綠化教學)這項經費，讓學校老師可以帶領整班學童，遠離家庭環境，一起住在外省的活動中心，集中生活並學習新技能。冬季有些學校會舉辦到高山學滑雪的活動，春秋季則通常選擇到海邊學游泳或駕帆船；每個學校都有權利申請。

由於巴黎市的經費較充裕，市區內每個學校，幾乎年年都會舉辦綠化教學的活動。我兒子在小二時，已經和同學年的學童，一同到南部一個專門馴馬的活動中心，從老師、學童、到活動中心輔導員，總共約有上百個人，全體一起和馬群共處了一個星期，學會了獨立生活。

到了小四時，他們全班的同學由級任老師帶領，一起住在法國普羅旺斯當地非常出名的天文台研究活動中心，與研究星象學的專員們觀察了10天的天文星象學，並參與野外生活學習觀摩活動。回到學校之後，老師將學生編組，讓每組學生做主題性的研討會，最後在校園裡舉行了一次天文星象學展覽會，由各組學生自行解說報告。看到各個學童認真解說的態度，還有滿心自信的神情，讓每個家長都感到非常驕傲。

交換學習，開拓視野

有一次他們的級任老師和諾曼地學區另一個級任老師，打算做兩地交換學習。兩校的老師先安排兩地學童信件交換；互相通信一段時間後，讓巴黎學童先去諾曼地學校學習一個星期，學習期間住在信件交換的學童家，由交換學童家長負責照顧起居；再換成諾曼地學童來到巴黎生活和學習。

諾曼地這個學校採用的教學方式比較特別，以啟發孩子的自發性為主，孩子的學習態度完全是主動式的。在一個班級裡面，混合了不同學齡的學童，讓每個學童順著老師的教學進度，自己安排學習活動；老師的教學方式則是依學童學習能力，用輔導方式來協助學童。這個學校的學童自辦了一份報紙，他們會一起規劃版面、策劃和寫稿；校內的其他學習研討活動，也和辦報紙一樣有組織，整個學校幾乎像是一個小型社會團體。這種教學方式，是在法國大約30年代左右，由一位名為Célestin Frénet的校長所創設；而兒子學校的教學方式，則是一般的傳統教學制度。兩個不同教學制度的學校，一起做教學觀摩，可以開啟學童的學習視野。

後來老師們還在交換學習環境活動結束之後，讓全班共同製作一場戲劇公開表演。老師先讓學童們發揮自己的想像力，共同編出劇情，另外再邀請一位專業作家，將他們的集體創作，整理出完整合理的結構，分配每個學童演出一個角色，學習戲劇的排練；最後將邀請家長們，一起到這個社區裡最大的戲劇院欣賞成果。我們這些家長們，都迫不及待地等著看孩子們的演出。

學生快樂，家長也支持

法國小學的這種教學制度，讓老師能自由發揮，不過相對地責任也很重。而且這樣上課所需的教材資料與課外教學費用，也是相當可觀。

出遠門的短期學習經費，一般可以向所屬地方政府申請；巴黎市稅收較高，經費充足，幾乎所有巴黎小學，都可以免費安排幾個班級的學童，到法國其他省分做短期地方教學活動。而平時的戶外教學活動，除了由校方補貼之外，學校老師也會舉辦一些義賣活動，或是每個月直接請家長們樂捐；一般來說，重視孩子教育的家長們，都不會太吝嗇。以我兒子的學校為例，學生家長都很感激老師們所付出的心血，不只義賣活動參與十分踴躍，樂捐的款項也相當可觀，我想這是家長對老師的另一種鼓勵方式。

> 這類社區課外活動，也讓跟著孩子一起成長而互
>
> 相往來的家長之間，建立起休戚與共的友誼。

❶ 法國孩童參加校外社區主辦的運動課程。
❷ 足球運動是法國小孩相當癡迷的運動項目。
❸ 法國到處都有類似這樣的兒童小遊樂場，讓下了課的孩子能在此發洩精力。
❹ 模仿17世紀船隻所建造的船，像一座活動博物館似的，能讓孩子們實地觀察。

法國小孩的課外或校外活動

法國學校為了父母都必須上班的孩子們設想，校內設有留校進修，課外文化、藝術、運動學習班等活動；地方上也設立校外活動中心，讓社區小孩另有一個學習的天地。

校辦課外活動，花樣多多

法國小孩的課外活動有相當多的選擇：一般小孩的早上上學時間介於8點半～9點之間，放學時間固定在4點半～5點左右。通常孩子下課之後，學校可以讓孩子留到下午6點，也就是一般家長正常下班的時間。這段期間，家長得事先替孩子們準備一點小點心，在點心時間後，有的小孩會繼續留在教室進修。進修輔導是由市政府出資，請輔導雇員(通常是年輕的實習生)來教導學生做功課，學生參加留校進修的費用，則視家長的繳稅能力來付費。

此外，學生也可以選擇參加學校舉辦的課外活動；活動項目包括電腦、文化、藝術、科學、運動等學習課程。這些活動都由各校校長自行決定，聘請校外專業人才來指導；這些課外活動費用也是按照家長的繳稅能力來付費，不足的經費則由校方補貼。

孩童不用另上安親班

　　以我兒子的學校為例：他從小學一年級開始，陸續參加過學校主辦的讀書講座、科學實驗、實驗電影拍攝等等，這些都是兒子自己選擇的活動；校方另外還安排了電腦基礎班、形象藝術創作、異國舞蹈、戲劇表演等，各式各樣具啟發教育性的課外活動；學期末再邀請家長，一起參與這些活動的成果展。這些都是為了提昇孩童的信心、建立孩子的創造能力。

　　我兒子的學區內，住了許多外國移民家庭；學校為了這些新移民後代，還設置了法語能力特別輔導班，由校內自願的輔導老師教學，讓外國移民的孩子們，能得到免費加強法語訓練及作業輔導的機會。

　　以上這些措施，都必須歸功於法國學校校長及老師們人道主義的教育理想，不過，這也是因為法國的教育制度，能讓校長和老師們能有某些程度的自主力。由於有這種教育制度，所以在法國並沒有類似台灣的補習班或安親班之類的商業教育活動。

① 個性合得來的小朋友一起活動，　家長之間也可以互相交誼。
② 學校下課了，來校接送學童的家長聚集在校門口閒話家常。
③ 小學生邀請同學到家裡來慶生，是最基本的社交活動。
④ 法國孩童從小就養成睡前看書的習慣

①

家長彼此也成了朋友

地方政府的教育經費，則用在設立課外活動中心。法國各地區的地方政府，都會規劃地區性的文化藝術或運動中心，讓地方上的成人或學童，都有機會好好利用社區設立的文化中心或運動學習場所。以我們家所住的巴黎第十一區為例：區政府設有音樂及戲劇學習中心、社區合唱團、游泳池、運動場等等，讓地方居民可以交流學習；小孩子的課外活動規劃則包括各種樂器樂理學習、球類或游泳學習、手工藝藝術創作及繪畫等。

我兒子在社區裡學劍術和踢足球，孩子每天下課之後，幾個參加相同活動的家長們會輪流接送小孩。這類社區課外活動，也讓跟著孩子一起成長而互相往來的家長之間，建立起休戚與共的友誼。

②

3

世界兒童壞血病親善大使——席丹

世界少年盃足球大賽在巴黎的王子足球場舉行，最後法國得到世界盃冠軍，現場由足球明星席丹頒獎。

席丹是 4 個孩子的爸爸；從球壇退休後，專門從事青少年足球運動的推廣工作，同時也是世界兒童壞血病的親善大使，成了法國的「孩子王」。

全家參與樂無窮

自從兒子上學之後，我才真正地感受到巴黎社區鄰居的人情味。兒子和同學之間經常邀約一起度週末；甚至到了暑假期間，同學們還會彼此相邀到鄉下或海邊的度假屋一同度假。最特別的是學期末的園遊會，學校校長邀請全校家長一起籌畫一個「Repas du monde」(世界各地餐)的聚餐活動，請每個學生或者家長自己準備一道菜、一道點心和飲料，無法準備的人就自願幫忙服務。

兒子的學校裡，至少有來自20個以上不同族群的學童，各族群學童家長們做出來的家鄉菜，的確都有不同的異國風味！每年兒子學校的期末聚餐，不只學生家長互相合作幫忙，學童們和老師們也一同準備表演活動，非常熱鬧有趣。

❹

法國的教育制度：訓練專才，不成就通才

法國學生的基本教育到了中學最後一年，就必須決定自己未來的職業性向：或走文學研究、或學習科技……。若是對念書沒興趣，打算靠手藝過活的學生，則準備邁入專業學習過程。

中學定人生志向

法國小學只上5年，中學則是4年；中學最後一年必須準備進入高中的課程。高中部分為普通和科技高中兩種教材，不論普通或科技高中的畢業生，都必須參加高中鑑定會考(Baccalauréat，簡稱Bac)；通過考試後，才能繼續晉升普通或科技大學。假如學生在中學最後一年，覺得自己程度不夠，可以放棄

❶❷ 從中學生開始必須學習自發性，戶外教學
　　仍然十分頻繁。

❸ 成群結隊溜直排輪，是法國青少年喜歡的團體
　 活動之一。

❹ 對讀書沒興趣的人，可以選擇手工技術職校，
　 仍然可以出人頭地。

理論研究的學業，而選擇直接進入專業職訓學校。

這類職訓學校的學生不必參加高中會考，學校的學習方式，是一半時間在教室裡上基本課程，一半時間在學校工作室裡做實務職訓；最後一年則必須到與學習技能相關的行業裡做實習生。職訓學校的畢業生需要通過所謂的「CAP」(Certificat d'Aptitude Professionnelle)證書考試，不論進入任何技術行業，都得考上這張證書後，才能開始工作。

在法國巴黎市，最出名的職校是法國工會主辦的「Ecole Grégoire Ferrandi」(網址：www.escf.ccip.fr)。這個學校畢業時不會頒發證書，但是可以直接參加CAP鑑定考。

高中以學術研究為主

普通和科技高中的課程，都是為了通過高中會考而設。大多數高中教師在選擇教材和進度有很大的自由度，而學生則必須有相當獨立的學習態度，能自己安排時間，照著教授學期初提供的學習進度表和參考書籍，自己訂定研究進度；學習過程雖沉重，卻比較有自發性。普通高中教學分文、理科，準備考大學，科技高中重技能學習，將來直接進入職場；從高一課程起就直接畫分出將來的學習方向，可以奠定專業基礎。進了普通或科技大學後，就是以研究深造為主，因此大學之後的制度，大致與其他國家相類似。

> 學生則必須有相當獨立的學習態度，能自己安排時間，照著教授學期初提供的學習進度表和參考書籍，自己訂定研究進度；學習過程雖沉重，卻比較有自發性。

❶

職校訓練完全切合實際

職訓專業的學習目的為訓練一技之長，所以不必浪費太多時間在書本上，只要專攻技術，以熟練為目的。在法國有許多靠手藝吃飯的行業，幾乎都能傲視世界，原因就在於每種行業都必須經過專業訓練，考取證書才能執業，真正達到行行出狀元的效果。不論是做麵包、糕點、賣魚、賣肉、賣花、理髮、皮革、針織、打版車縫、手工染繪等工藝技術，甚至連水電工、木工、建築工，以及電器機械工等等，這些與技術手藝相關的工作，都必須經過專業學校訓練，考取資格後才能工作。大部分的專業職訓學校也接受在職或失業人士進修；這個政策是針對一些走入社會之後，才想要轉業或自己開店的人而設的。

專業職校的學習過程，承襲法國過去的學徒制，也就是跟隨老師傅學習手藝與工作經驗。專業學校的裝備與一般工作室或工廠相同，老師教導學生的方式，完全是根據實際的工作狀態來教學。每天早上先與學生討論當天的訂單，以及必須準備的材料之後，才進入工作室，準備開始一天的工作；完全讓學生體驗到真正的工作實務。

有些學校自己附設銷售中心和餐廳，將學生生產出來的產品銷售出去，或直接送到附屬餐廳，提供給顧客。通常專業學校的附屬餐廳也會接受外界訂位，菜色又好又便宜；只是服務生都是實習學生，老師們則站在一旁指導。客人吃飯時，可能會看到指導老師當場斥責學生所犯的錯誤，客人經常替服務的學生捏一把冷汗，也算別有另一番情趣。

職業證書在手，走路都有風

　　我個人擁有法國麵包師(Boulanger)與糕點師(Pâtissier)的CAP證書。還記得30多年前剛取得證書的時候，當時我在法國還是持學生居留簽證，暑假想去美國探親，結果被美國簽證處拒絕；原因就是因為我擁有法國麵包師和糕點師的CAP，在美國可以很容易就找到工作，有可能滯美不歸之嫌。此外，我在朋友聚會時，只要一提起自己有這兩張證書，馬上就會獲得在場者的另眼相看；可見法國人有多麼重視擁有一技之長的人。

　　對法國人來說，一位博士和一位大廚師的地位，幾乎沒太大差別；因為博士頭銜可以在進入社會工作後，慢慢修完學分而獲得；然而大廚師的名聲，卻得經過多年耕耘，得到眾人口碑的認可才可能擁有。

　　法國香頌中有首歌叫做「Le mari bricoleur」(有整修能力的丈夫)，歌詞裡有一段唱道：「OH! Quel bonheur d'avoir un mari bricoleur!」(嫁給一個有整修能力的丈夫多幸福啊！)從這段歌詞可以看出：擁有高學歷的男子並不見得能得到女人的青睞；有才華，有一技之長的男人，才是法國女人趨之若鶩的追求對象！

❶ 法國專業職校訓練，就像學溜直排輪一般，得先穩穩地滑出第一步。
❷❸ 生產麵包的工作室內，有剛出爐的法國麵包
❹ 學習做麵包的第一件事：秤出重量平均的麵團。

> 任何人只要生了病，一定可以上醫院就醫，醫療費用則由地方政府分攤。法國是一個重視人權的國家，這些措施都是基於人道主義。

法國的社會保險與公家醫療保健制度

法國社會中基本保險都是國營事業，但能真正幫助社會上有需要的人；而公家醫院的醫療保健政策也相當健全，尤其是對抗癌所抱持的態度，讓病人能夠真正安心療養。

❶ 法國藥局的綠十字標誌。
❷ 法國養老院內部乾淨雅致，醫護人員對老人們非常照顧。

法國的社會保險，包括醫療保健、失業保險、退休保險3項制度。

保險保障人生

基本保險費由全民勞資雙方共同分攤，自薪資中直接扣除，資方必須替勞方分攤大約70%左右的保險費用；只要一年有3個月的薪資收入，不論任何人都可以享受健保。至於失業救濟金，則必須在1年之內曾連續工作達6個月以上，才有領失業金的資格。

不論投保退休金的年數，達到退休年齡時，每月都可領到至少250歐元左右的最低金額；正常的退休人士，通常可以領到約原薪資75%左右的月退休金，另外再加上個人在工作期間的投保，或資方贊助各項不同私人退休保險公司的補助。法國人必須工作滿41年，才能領到全額退休金，另外再加上資方替員工投保的私人退休補助金。因此在法國，公司雇用一個員工的社會成本相當高。

生了病一定能就醫

全民健保制度中，若配偶之間只有一個人工作，另一個人不工作的話，無工作者可以使用配偶的健保卡，未成年孩童則依附父親或母親的健保卡。退休人士不論退休金多寡，健保費都會先自動扣除；就像法國人的薪資收入中，都會事先扣除社會保險費一樣。因此，法國人的健保卡，就像一張有個人資料的信用卡，到任何醫院或健保局的刷卡機刷卡，都可以使用。

為了達到全民健保的理想，就算是無業遊民或身無分文的窮人，也有基本健保制度；法國一般在編列地方預算時，一定會編列一項幫助沒錢就醫者支付基本醫療費用的預算。任何人只要生了病，一定可以上醫院就醫，醫療費用則由地方政府分攤。法國是一個重視人權的國家，這些措施都是基於人道主義，因此，在法國有許多移民者根本沒有健保卡，但各大醫院仍然接受這些人就醫。

❷

無邊境醫生組織

法國社會黨執政時代，還成立了所謂的無邊境醫生(Médecins sans frontières)組織，專門幫一些沒錢就醫者看病。這些醫生看診都是義務性質，完全只是基於救世濟人的精神。這些無邊境醫生甚至還到世界各地去，為窮困國家的醫療窘況提供協助。這個醫療組織中，除了醫生外，還有一些義務幫忙的護士和工作人員；他們不在乎薪資，辛苦工作，都只為了協助有醫療需要的人。

國家補貼抗癌費用

至於目前全世界都得面對的抗癌問題，法國也做得相當徹底。尤其是乳癌，現在法國乳癌的痊癒率高達95.3％；法國婦女得到乳癌的機率相當高，乳癌只要提早發現，可以避免轉移成淋巴癌或肺癌。法國健保局免費讓40歲以上的女性，每兩年定期做徹底的檢查，50歲以上的女性則是每年定期徹底檢查。另外也做了許多宣導活動，協助女性自行檢驗；一旦發現癌細胞，5年內的所有療程與檢驗費用，都由健保局100％給付。

這些醫療費用大多來自醫療研究經費的補貼，其中法國許多大公司捐獻了相當充足的醫療協助基金；法國健保局提供的癌症醫療研究經費，也占了很大的比重；另外法國知名的大製藥廠，也會贊助醫藥經費；這些都是治療癌症病患的經費來源。

我 的 抗 癌 歷 程

　有關法國癌症病患的治療經過，我以自己在法國患病的經驗做個例子。

親切的醫護人員

　48歲那年，我發現自己得了乳癌，在兩年之內，數度進出巴黎市第十三區，從17世紀就成立的La Pitié公立醫院。療程中，我既不害怕也毫無疑問，對這個醫院的醫療一直保持信心，這是因為我的癌症主治醫生，每一次都很仔細地對我說明療程中會遇到的不適，而且不厭其煩地回答我的一切問題。醫生一開始就很清楚地告訴我：依我所做檢驗所驗出的癌細胞種類，應該決定先開刀拿掉感染部分，再經過每3星期1次，總共6次的化療，然後加上35次電療。

❶

　治療的這段期間，我曾經出現：頭髮掉光、每天嘔吐數次、發燒感染、過敏等等不舒服的狀況，可是為了報答醫生和護士們專注照顧我的精神，還是都硬撐下來了。以往總認為醫生護士老是抱著高高在上的態度，經過自己得了這個病的歷程後，這種看法徹底改觀。

治療方式與過程

　因為曾和我的主治醫生多次討論，讓我了解到許多有關癌症方面的知識。事實上，目前的癌症醫療方式，有許多部分都還在研究階段。由於癌細胞算是一種自身細胞的變異，所以每個癌症病患有可能產生許多不同種類的癌細胞。

　法國的治療方式，是先由負責部門的整組醫生一起會診討論，了解每個病患的情況，判斷病發原因之後，才一起決定採用的療程；之後由各病患的主治醫生，視各個病患接受各種不同療程後的反應狀況，一一記錄下來，做一番統計，最後再就這些療程的結果做總結論。因此，每個癌症醫生其實都是個研究員，負責將這些病患的反應報告，傳達到世界醫療組織裡，再做出世界性的整體醫療分析。在巴黎許多大醫院中，經常會舉

❶ 到法國藥局買藥必需具備醫生開的藥單，否則藥局不會隨意賣藥給顧客。

❷ 巴黎各地區的健保局服務處。

行這類型的國際醫療研究會議，每次都會有新研究報告提出，甚至能催生一些新的、或是更有效的療程。

我每次接受化療的48小時之前，都必須先抽血做血液分析，讓醫生了解細胞的再生能力，再決定下次化療藥物的份量比重。化療後10天內，有些病患的白血球數量會大量降低，甚至降到非常危險的程度，病患自己必須特別小心，不要遭到感染；若病患在這段期間不小心感染到相當嚴重的疾病，有時甚至會有生命危險。老實說，癌症病患不見得會死於癌症，有些其實是受到嚴重感染而致死的。我在化療期間，曾經因為白血球降得太快，化療之後馬上遭到感染，結果被隔離治療了10天。從那次感染之後，每次接受化療的48小時之內，醫院都會替我免費注射一劑白血球活化促進劑，增加免疫力，以避免再度感染的危險。

去法國玩時生病怎麼辦？

台灣與法國的健保局是互相承認的；法國人在台灣看病，法國健保局會給付全部款項。舉例來說：我老公在台北長庚醫院住院開刀，去除結石；回法國之後，法國健保局全數付清了在台治療的款項。

台灣人如果在法國臨時需要看病或生產，就醫後必須請醫療院所開具收據正本、費用明細及診斷書，回國後另附上當次出入境證明文件影本及核退申請書，向健保局申請核退醫療費用；核退標準依健保規定，惟訂有上限。

越早治療，痊癒可能性越高

當然，整個治療的過程，醫生根本可以不用那麼詳細地告訴我所有事情，但由於我自己的好奇心，加上醫生對所提問題的親切回應，都讓我產生真正參與感，能夠堅強地熬過辛苦的療程。記得生病的初期，許多朋友都從網路寄來各種妙方和注意事項，讓我感到相當迷惑困擾，不知道應該相信誰的話才好；最後我決定只配合醫生的建議，再也不去看那些網路上的資料。

生病的人千萬不要自亂腳步，這一點我覺得十分重要。由於自己是過來人，希望能用自己的經驗來幫助其他乳癌病患。套一句我的主治醫生對我說過的話：婦女乳癌的種類雖然不少，只要定期做檢查，及早發現，及早治療，痊癒的希望是很大的。

Loisirs

法 國 人 的 樂

① 星期日一家人一起團聚。
② 朋友在一起天南地北聊個痛快。
③ 社區裡有時週末會特別邀請樂團來表演，拉攏鄰里感情。

法國人邀朋友來家裡吃飯的習慣

法國家庭裡常有與朋友互動的活動，舉凡小朋友慶生、青少年邀同學來家中聚餐、成年人在家裡舉辦宴會，都是法國人樂於交友、熱情待客的日常生活表現。

法國是個重視傳統的國家，家庭觀念相當重。自法國大革命之後，在法國人之間出現的博愛精神，更把家庭觀念擴大到朋友層面，好友之間就像大家庭一般，有經常往來的習慣。因此在法國，朋友之間相互邀請到家裡吃飯，或是相偕一同度假，都是十分平常的交際活動。

星期日，聚餐日

法國一直是信仰傳統天主教的國家；天主教家庭的習慣，是星期日上午全家一起上教堂望彌撒，午餐全家聚餐吃點特別的料理；這種習俗至今仍然保留著，於是星期天便變成全家固定的聚會日。大多數法國人，即使已離開父母自組家庭，通常還是會在星期日中午，帶著孩子們到祖父母家吃頓飯；有些兒女甚至會邀請自己的朋友到父母家吃飯，或者邀請朋友，一同到鄉下的父母家度假。

因此，不論是城市社區或鄉下小村鎮，一到星期日，上午都相當熱鬧；除了商店會開門營業，也可能有特別的市集。這都是為了讓老祖父母們，能夠準備一些特別料理來接待晚輩。這種傳統習慣，可以說是法國人愛屋及烏，既重感情又好客的最直接表現。

小朋友慶生，父母費思量

歐洲各國中，法國雖然算是出生率比較高的國家，但孩子的地位仍然像是法國家庭裡的小國王。父母親對孩子的教育十分重視，對孩子的交友更是關心。一般家庭會精心安排孩子的慶生活動，讓孩子自己邀請喜歡的朋友來家中聚會。父母親為了孩子的慶生活動，不但得自己準備一些特別餐食、點心和飲料，特意找尋搭配的音樂，還會安排一些特別遊戲，讓孩子真正享受像大人宴會般的歡樂。

慶生方式另外還有許多不同的選擇；例如尋寶慶生活動：父母先將禮物藏好在公園裡，再給孩子們一些指示，讓一群孩子到公園裡自己動腦尋寶；或者像睡衣慶生會：邀請孩子們到家裡來過夜，孩子們換穿睡衣之後，好好玩樂一番，累了就可以直接上床了；這些活動都得花上不少精神和費用。

法國家長為了孩子們的慶生活動花盡心思，是為了好好了解孩子的交友關係；而且在慶生活動之後，別的家長來接回自己的孩子時，見了面免不了得互相打打招呼，聊天交際一番；有些家長更因而變成好朋友，從此開始熱絡相互往來。一旦雙方家長變成了朋友，孩子們之間的友誼也會更加持久。

青少年聚會，自己花心思

等孩子們到了青少年時期，有些父母親會逐漸訓練孩子獨立。13、14歲以上的青少

> **大多數法國人，即使已離開父母自組家庭，通常還是會在星期日中午，帶著孩子們到祖父母家吃頓飯。**

❶ 有陽光的週末，法國人喜歡在草地上與朋友們野餐聚會。
❷ 野餐後還可以打打球。
❸ 法國的大公園裡通常設都有旋轉馬車，提供孩童們玩樂。

年，父母開始會給他們零用錢，讓他們能在週末時間和朋友互邀看看電影或吃飯聊天，甚至逛街購物。

偶爾父母也會讓青少年自己安排交友歡宴的活動；為了讓孩子們不受拘束，有些父母會將整個住所都暫借給孩子們自由玩樂。不過並不是所有的法國父母都有此經濟能力，能讓孩子擁有這種自由歡樂的機會；而且這類家庭的父母親，大都經歷過所謂68年的大學運、大工潮，思想比較開放，才肯讓孩子們獨自安排這種交友娛樂活動。

有些青少年男孩喜歡玩樂團；比較開明的家長，會讓青少年自己擁有一個獨立的房間，可以在房間裡設置敲擊樂器、電吉他等，再加上一台錄音用的電腦。這些年輕人一到放假，就在家裡大吼大叫，盡情發洩精力。有些家長會特別安排一些文藝活動，讓年輕人參與；另外也有些家長喜歡邀請孩子的朋友來家裡，一起看看影片、吃喝聊天等等。

週末歡樂小餐宴

法國成年人在週末時邀請朋友來家裡吃飯，可說是最通俗的社交娛樂了。網路上最多人閱覽的部落格，往往就是宴客的經驗談或食譜；由於經常邀請朋友來用餐，菜色務必得有相當的變化，因此，法國人很喜歡在網路上交換做菜心得和宴客方式。

法國宴客流行星期日早上的brunch(早午餐合併)，或者是星期六傍晚的appéro dîna-toire(開胃簡便晚餐)；兩者都是比較輕便的餐宴，多半是自助式，吃的是小三明治、各類蔬菜派、小點心等等；不像一般正式餐宴通常只喝葡萄酒，這種餐宴的飲料反而比較多樣化。這類餐宴相當自由，大家各自拿著酒杯，輕鬆自在地聊天、跳舞，氣氛比較熱鬧，時間不會拖得太長；萬一參加者需遲到或早退，都比較有彈性。

公園野餐，悠遊自在

在氣候溫和、有陽光的季節裡，法國人特別喜歡邀請朋友假日一起到公園野餐。幾條大布巾鋪在草地上，擺上各人在家裡就事先準備好的飲料、冷食、沙拉、乳酪、麵包、香腸火腿等熟食類，再加上甜點，還有塑膠杯盤刀叉等等；一群人圍坐在大布巾上，輕鬆愉快地邊聊邊吃。用餐完畢，大夥兒一起在公園裡散散步、談談天，或是在草地上打打球、追逐玩樂；有些人連家裡的寵物都會一塊兒帶出來野餐與漫步，呈現一片悠閒和樂的氣氛。

① 在法國，夏天度假非常重要，一般民眾尤其喜歡親水活動。

② 夏天來臨時，停車場中停滿了載著滑水板、腳踏車等娛樂器材的度假車潮。

③④ 法國城堡飯店的房間，提供住客貴族般的奢華享受(照片由 Catherine Laurent 提供)。

法國人規劃得宜的度假方式

法國人工作了一年，就有5個星期的有薪假期。度假是法國人一年中的大事，一般人都會事先規劃清楚，籌備完善。

玩樂時仍有薪水可領

法國朋友之間吃飯聊天的話題，總是少不了度假的經驗；可以想像度假這件事在法國人生活上所占的份量。法國68年工潮的結果，讓法國員工自此能夠享受世界上最多的假期：一年5個星期的有薪假。大部分員工都會在孩子放暑假期間，用去一個月的假期，寒假時再用去剩下一星期的假。有些法國公司為了讓員工能用掉整年的假期，不得已乾脆在7月或8月份關門。法國同一個社區裡販賣同類食品的商店，一到夏天都會事先溝通好，不會同時關店度假，好讓社區居民在7、8月份的度假期，仍然買得到食物。

其他國家的公司，若是和法國公司有合作的經驗，經常在

法國最輕鬆、最豪華的旅遊方式

法國有一種為了非常有錢，卻沒有太多時間度假的富豪所推出的既輕鬆又豪華休閒旅遊，可以在很短的時間內，讓這些多金貴族達到真正休閒兼旅遊的目的。

提供的行程舉例來說：坐豪華遊艇遊頂級酒堡；波爾多頂級酒窖都是在多隆河邊，像是隆河谷酒鄉、地中海普羅旺斯酒堡等，都能提供有錢人一邊享受自然景觀，一面品嘗好酒好菜的最佳享樂方式；當然旅程也可以改搭直升機或私人豪華飛機。或者是住在古堡級的旅館：可以享受舊時代貴族的尊榮，這比只是參觀城堡更給人身歷其境的直接效果；加上古堡內部現在大多是豪華的現代化設施，不僅可以打高爾夫球，也能享受三溫暖、按摩等等服務；如果對按摩上了癮，有些人則乾脆花幾天的時間，到高級海療中心享受一場美容養顏的假期。

另外，因為歐洲的河流或海岸邊的景觀都相當明媚，所以郵輪式的旅遊也非常普遍。參加郵輪旅遊，既不必拖著行李到處走，又可以靠岸參觀，而且在船上用餐與住宿的場所，都足以媲美高級飯店，還有許多娛樂活動讓船上的旅客一起交誼；這樣的旅遊是真正的放鬆。

夏季會收到一條簡訊：「我們度假去了！」法國到了7、8月份，公共事務機構裡幾乎沒什麼人經辦事務，連政府機關都唱起空城計來，從總統到各部長都在度假中。生小孩最好不要選夏天，因為孩子出生時，主治醫生和接生婆可能都在南部曬太陽。

沒曬黑＝沒去度假＝怪胎！

每年過了暑假，各個員工回公司上班，大家打完招呼之後，第一件事就是問同事到哪裡度假。每個同事的臉孔大都被太陽曬得紅通通的，如果這時突然出現一張白白的臉孔，就表示沒去度假，才會沒曬到太陽；對法國人而言，這可是一件相當不可思議的事。

法國每個家庭的日常開支預算，都必須考慮到度假經費；幾乎每趟度假回來，又得馬上籌備下次度假的節目了。在其他歐洲國家人民的眼裡，法國人被認為是最不愛工作的民族，這份印象，大概就是源自他們對度假的觀念與態度。其實法國人對工作的狂熱不輸給其他國家，只是他們習於在工作以外的時間，盡量忘記平日的辛勞與緊張，好好享受人生罷了。

> 法國到了7、8月份，公共事務機構裡幾乎沒什麼人經辦事務，連政府機關都唱起空城計來，從總統到各部長都在度假中。

❶ 法國度假期間，各地都會藉著具有地方特色的競「賽」來吸引觀光客。
❷ 庇里牛斯山巴斯克區暑假期間的地方特產市集。

躲不掉的假期開門第一件事——塞車

夏天一到，幾乎所有的法國人都往南部陽光普照的地區跑。每年放暑假之前，政府絕對三令五申，叫大家不要同時出門，避免造成大塞車的不便，然而年年還是照樣塞車塞不完。尤其是通往南部的6號高速公路，幾乎每年夏天交通都呈癱瘓狀態。

我們家度假也不例外；早在夏天還沒到來之前，就已經策劃好度假地點與時間；時間一到，總自以為這次會比別人聰明，選擇了別人想不到的地點，或鐵定比別人早點或晚點出門。不管心裡怎麼認定：這次絕對可以避開塞車潮！結果，年年還是與那一大隊度假人馬一起被塞在高速公路上，然後悔恨不已，抱怨自己為什麼偏偏要選擇夏天度假！

這是典型法國人夏日度假最矛盾的地方：人人都自以為選擇了最佳出門時間或行程，可是不論何時、何地，還是會發現到處都是人！法國人形容夏天假期的盛況有如全國大搬家：車輛不論行駛在東西南北哪條高速公路上，都像被拖在幾條轉來轉去的汽車大遊龍後面，不知何時才到得了目的地！

度假也要有文化

法國人安排度假活動最簡單的方式，就是到一些較有文化特色的地區觀光旅遊，或是參加地方的特殊活動。任何地區無論是文藝氣氛濃厚、建築風格較具特色、綠化環境特別好，或是擁有具地方特色的音樂活動、戲劇活動、地方性特殊運動比賽等等，都可以變成法國人選擇度假地的上選；因此每年度假期間一到，法國各小鄉鎮都會盡量辦些活動來吸引觀光客。

有些會利用本身的農業條件，舉辦鋸木比賽、剪羊毛比賽、擠牛奶比賽、農夫競走，

或是牧牛、牧羊體格競賽等等，與當地農業相關聯的活動；有些則是舉辦表現地區特色的運動比賽：例如巴斯克地區特殊的木板球(Pelote Basque)比賽、普羅旺斯的馬賽球(Pétanque)競賽；有些地方辦的是展示地方特產的活動：像阿爾薩斯啤酒節、勃艮地葡萄酒慈善拍賣(Hospices de Beaune)活動、香檳地區的聖文生(Saint-Vincent)節、侏羅地區傳統的碧優(Le Biou)葡萄酒慶等等。

還有的利用文化活動來提高觀光客的興趣，例如巴黎每年夏天在花神公園(Parc floral)舉辦的古典音樂和爵士音樂節、南特地區的電影節和音樂節、巴斯克地方的歌劇舞蹈節、亞維農的戲劇節、尼斯坎城的電影節等

等。另外，各個小城鎮每年也會有自己當地的節慶；節慶日當天，城鎮上每個居民都會參與；而慶典形式則各有趣味，千變萬化。這些精彩節目，都是夏天度假人潮聚集的理由。

法國人的各種度假方式

鄉村生活派

　　有些法國人在度假期間，喜歡享受綠野風光，會特別在鄉下租間農舍，住上一段時間。有的農舍提供早晚兩餐，讓住在農舍裡的觀光客，輕鬆吃完早餐後，白天能出外自由活動，也許是爬爬山、在鄉野漫步、或者參觀附近的名勝古蹟；晚上則回來享受農舍自產的地方料理。

　　這些習慣接待城市觀光客的農舍，通常都相當專業，可以提供非常詳盡的「綠色」資訊。但是這種旅遊形式必須很早就計畫好，提前訂房；畢竟有經驗，也願意接受觀光客的鄉下農舍並不多。

生態旅遊派

　　還有一種度假方式，是專門到偏僻的鄉野或海岸線去觀察自然生態。法國有許多地方還保留了原始的生態環境；例如庇里牛斯山區是每年候鳥群的必經之地，也保存了狼、熊之類的野生動物，每年都吸引不少喜歡研究候鳥生態和野生動物的度假人潮。

　　法國阿爾卑斯山脈的高山區相當險峻，是登山者最喜歡征服的區域；喜歡觀賞大自然的旅遊者，務必裝備齊全，而且必須是登山老將，才能安全享受曠野的原始風情。至於海岸沿線，最出名的水鳥群生處在法國不列顛海岸；這裡的海岸線風景十分原始，是水鳥聚居的地方；當地最出名的Batz sur mer鹽田區充滿了各類的水鳥，可說是喜愛大自然景觀者的旅遊聖地。

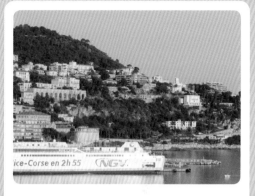

豪華遊艇派

有些法國人喜歡在船上度假。法國的蔚藍海岸及大西洋岸邊的港口，終年停滿了一艘艘帆船和遊艇。港口的停泊費用並不便宜，因此這種海上度假方式十分昂貴，並不是人人都能享受得起；可是每年一到度假期間，海上還是經常出現「塞船」的現象。

這些船隻在各個港口停靠，一方面可以欣賞海上風光，一方面方便參觀陸上名勝。到船上度假也是得早早就安排好，尤其到了夏天，幾乎所有的港口都船滿為患，一位難求；假如沒有事先預定好旅遊路線，船可能根本無法靠岸。在尼斯附近的度假勝地聖托佩港(Saint-Tropez)，夏天會舉行國際遊艇競賽；一艘艘進港的遊艇，極盡豪華壯觀之能事，是熱愛遊艇人士的樂園。

平穩郵輪派

在法國各大港口設有專門停靠大郵輪的碼頭，法國人十分喜歡這種郵輪度假的方式。有些郵輪專門周遊停靠海岸線相連的鄰國，有些郵輪卻只是連接海岸線上小島嶼的渡輪。

在法國海岸線上，不論英吉利海峽、地中海、大西洋，都有許多度假小島，是法國人的度假聖地；每年度假期間，各個島嶼的居民常一下子多出幾十倍來。此外，連繫島嶼之間的大渡輪，也可以將自家轎車一起送上岸去，所以這些島嶼只有度假期間才會產生塞車問題。不論內陸或島嶼的海岸邊，通常都開滿了海鮮餐廳；這些餐廳一年只營業6個月，全是為接待這些度假人潮。大郵輪的航行狀態比較平穩，可讓一些喜歡海上旅遊卻會暈船的觀光客，也能享受真正的航海樂趣。

露營野炊派

有些法國人度假時習慣開著露營車到處走，遇到喜歡的地方就在那裡紮營。這種消遙遊的行車旅行方式，是從60年代開始流行的；有的人是在轎車後面拖了一個4輪小屋，有的則是擁有一輛家庭設備完善的小卡車。度假期間，在法國任何鄉間小路、高山道路、森林野道上，到處都可以看到慢慢行駛的露營車。

為了避免荒郊營火造成野火燒山，隨地任意露營在法國是違法的；為此，法國四處都設有衛浴設備齊全的露營區。露營區也分等級；好的露營地，租金並不便宜，有時候比住旅館還要昂貴；可是這些自認逍遙自在的露營車族並不在乎。只要能在大自然的懷抱裡睡個覺，就算擠在一輛輛並排的露營車裡，就算鄰車的喧嘩聲、打鼾聲不絕於耳，都妨害不了這些人對露營的喜好。

美酒美食派

有些法國人度假必須要有目的；例如有些人喜歡喝葡萄酒，就會利用每年夏天度假期間，特別到酒鄉去四處品酒。法國的酒路不少，可以從南到北周遊各地；通常有品酒度假習慣的群眾，也會是一群老饕，在這些酒路上有時會出現一些料理相當好的餐廳，能夠同時滿足他們對美食的要求。

法國有許多酒農為了這些愛喝好酒的知音，特別設立酒莊民宿；其中一些頂級酒莊民宿設施非常豪華，比一般大飯店還高級，都是屬於城堡飯店的等級。這種品味頂級美酒、參觀頂級酒莊的行程，雖然所費不貲，屬於豪華昂貴型的度假方式，但吃喝都能達到最高級享受，也算是物有所值了。

體能運動派＋不花腦筋派

　　有些法國人喜歡運動，度假期間會報名參加一些運動俱樂部，例如駕駛帆船、釣魚、水上滑板、獨木舟、馬術、各種球類、滑翔翼等等，舉辦這類娛樂活動的夏令營多得不勝枚舉。

　　還有像地中海俱樂部(Club Méditerranée)這類專門度假的俱樂部，是專為不知道如何安排假期的人而設的。整個計畫中所有的餐飲和住宿都包含在內，俱樂部裡還安排了各式各樣的運動遊樂活動，並且有許多專職引導大眾玩樂歡笑的輔導員。參加這種俱樂部度假的費用相當高，唯一的好處，就是完全不用花費自己的精神來安排度假計畫。

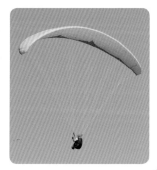

自家別墅派

　　有些法國人擁有自己的鄉間別墅，或者長期租賃鄉間別墅；一有假期，一定馬上帶著全家老小和小貓小狗一起到別墅度假。這些在鄉間別墅度假的人，習慣一到了別墅，先拿起工具鋤去雜草、動手大掃除整理一番，之後才放鬆下來找點樂子，但是真正的娛樂常是脫離不了戶外閱讀、寫生、鄉野步行、騎單車、種花蒔草等輕鬆的活動，和在家時的閒暇活動差距不大；基本上，這些在鄉野別墅度假的法國人，只是想離開大都市，換換環境罷了。

　　有的人擁有或租賃的是海邊的度假屋，而這些住在海邊別墅的人，則是比較喜歡游泳、海釣、水上滑板、撿海貝淡菜之類的水上活動，和平日的居家生活顯著有所不同。

法國人邀朋友一起度假的好客習性

法國人喜歡邀請朋友到自己鄉下或海邊的別墅一起度假，或者度假時與朋合租住處。在假期中結伴舉行大型歡宴、或是集體參加地方性活動，更是司空見慣的常事。

❶

❶ 法國人喜歡與友人合資買船，一起海釣。
❷ 與法國友人同樂。
❸ 法國普羅旺斯地區最「瘋」的運動：馬賽球(照片由法國友人 Denis提供)。

有些法國人會在海邊、河邊、鄉村裡與朋友合買或合租別墅，甚至有些人合買遊艇，這都是為了和朋友們一起度假。一些終年定居在鄉間的法國人，也很喜歡在天氣暖和的季節裡，邀請朋友到在自己的鄉居家園來度假。

普羅旺斯風情＋馬賽球

我的朋友保羅在南部普羅旺斯買了一棟別墅，任何好朋友想去度假，隨時都可以過去。這棟別墅並不大，卻擁有6公頃的山坡地，地廣人稀，因此幾乎年年都有慶祝活動在此舉行：不是某個朋友過生日，邀請朋友一起慶生；就是某個朋友辦退休宴，在此地熱鬧一番。朋友們也經常結伴一起到這兒來度假，假期內一同買菜、做菜、過過團體生活的癮。

在這裡度假最大的樂趣，是一同玩一種

這些朋友相互合作、聚集群居的生活方式，不但讓這個小鎮發揮潛能，在成為度假好去處方面找到新的定位，也完全展現出法國人的博愛精神。

在普羅旺斯最普遍的運動──馬賽球(Pé-tanque)。這種球類在當地非常流行，夏天到處都有公開競賽；普羅旺斯人「瘋」靡這項運動，已經到了為此下賭注的程度，任何地方都設立了馬賽球的場地。

夏天一到，不論看球或玩球的群眾，都是人手一杯茴香酒──開胃喝茴香酒是典型的

❸

❷

地中海習俗，我每年到當地度假時，也都得入鄉隨俗喝上幾杯，再與朋友吃吃喝喝歡笑一番，然後戰上幾場馬賽球。沾了好友保羅好客之誼的光，讓我們經常可以享受到普羅旺斯度假的樂趣。

❶ 布列塔尼小鎮上群居的好友。
❷ 法國藝術村。
❸ 法國友人自彈自唱自己作的歌曲。

阿爾卑斯山上回歸大自然

在尼斯附近的阿爾卑斯山上，有一個居民不超過50個人的小鎮，鎮上住著我們的朋友亞尼。他原是典型的都市人，嬉皮年代(指1960年代左右)時決定搬到鄉村隱居。30年前，他與一群歸隱者，買下了這個小村鎮的整座森林，之後各家散居在森林裡，但一起畜養乳羊，生產羊乳酪。由於此地交通非常不便，冬天經常因積雪而封閉，他還得另外養一群馬，用來駕拖車，作為運輸工具。

每年暑假一到，他一定馬上邀請住在各大城市的朋友來他家度假，這段期間是他一年當中最快樂的時光了。他會把整個家都讓出來給朋友自由住宿，自己則委屈一下住在小閣樓裡；不過，每個來這裡度假的朋友，都很知道規矩，自己會帶食物來，大家一起炊煮合食。

這裡是我們年年度假必到之地；亞尼的羊群、馬群，還有森林裡的自然草木和昆蟲，都是都市人平日完全見不到，也從來不知道該如何接觸的自然生物；在這裡，能夠讓孩子充分體會到鄉野和畜牧維生的原始生活。

這群隱居者之前沒有人是務農的，他們有的曾是教授、小學校長、或者建築師等等，因為原本都是知識份子，因此農暇時總是不忘讀書，有空閒時也會到其他不同文化背景的國家去旅行。每年暑假，他們還會特意在鎮上安排一些戶外電影放映或其他文藝活動，娛樂當地的村民和觀光客。這些朋友拒絕都市生活的拘束、真正回歸大自然，可以說都是典型80年代熱愛自由主義的法國人。

布列塔尼藝術小鎮

在布列塔尼地區，有一個非常美麗的中古小城鎮Rochefort en terre，不論週末或度假期間，總是人滿為患。這個小城鎮，是少數幾個被封為法國最美麗的小鎮之一；鎮內一棟棟的房子，至今仍保存中古時代的特色，

十分原始；彎彎曲曲的羊腸小徑，到處是綠油油的矮牆，真可稱是綠色旅遊的聖地。

這裡住了一群我們的朋友；這些朋友分別買下此地不同的屋子，開起小小的餐飲店、手工藝店、小商店等等。還有一群都住在巴黎的朋友，也在這兒合買了一座城堡，讓從巴黎來度假的朋友一起享用。當地最重要的咖啡廳，幾年前原經營者決定要出售，這群定居當地和那些經常來度假的朋友們，便一同將這個咖啡廳買下來，作為同好者的聚會地點。咖啡廳平日的正規功能，由這群朋友自願輪流義務經營，並親自兼任服務生；如此一來，好友們隨時可以舉辦社交活動，經常可以相聚一堂。咖啡廳的地下室設有電影放映機和表演舞台，每年夏天，這群朋友會共同策劃音樂季，邀請著名的爵士明星來駐唱，同時召集業餘音樂家，在小鎮的街頭巷尾做音樂表演。

住在這個小鎮上的居民，人人都是好朋友，彼此互相協助，經常協力主辦各類度假活動，吸引來不少度假人潮。這個小鎮現在幾乎沒有其他的商業活動，除了餐廳、旅館以外，全是一些藝廊或是手工作品類的藝品店；任何人來此度假，都會有種返璞歸真的感覺。而這些朋友相互合作、聚集群居的生活方式，不但讓這個小鎮發揮潛能，在成為度假好去處方面找到新的定位，也完全展現出法國人的博愛精神。

或許等我哪天退休的時候，也會到這些鄉野村鎮隱居起來，和他們學習群居生活。

法國人安排歡宴活動的效率

歡宴的名堂眾多，但是名義並不重要，最重要還是要讓朋友能夠愉快地、瘋狂地度個假

● 在歡宴中，平日各有不同職業的一群友人，自己組成的演唱團。

法國人最熱衷的事

法國人是出了名的愛歡樂，只要一聽到法文「fête」(歡宴)這個字，每個人都會雙眼發亮，突然興奮起來，馬上個個都變成「fê-tard」(歡宴愛好者)。住在法國35年來，幾乎年年都至少有一次參加歡宴或盛筵的機會。所有認識的朋友，幾乎個個都至少辦過

①

一次大型歡宴，這表示法國人真的是一個非常熱衷大型宴會的民族。

宴會的名義除了婚宴是最通俗常見的以外，其他還有搬新居誌慶、整十位歲數的慶生會、退休宴、種樹宴、採橄欖宴等等一大堆奇奇怪怪名堂的慶祝宴會。

「老」伴侶「新」婚

我所參加過最特別的婚宴，是一對年齡早已過半百的老新人婚禮。這個婚禮當然不可能由長輩來安排，而是朋友們一起籌畫的。

法國有些人堅決反對婚姻，就算已經同居多年，或者也生了小孩，雙方還是不肯結婚；因此當這對已經同居多年的老伴侶，突然宣告打算結婚的時候，他們的婚禮自然就變得相當特別了。當這對老新人步入愛斯普羅旺斯市政大廳時，其他一對對準備結婚的新人，大概都以為他們是某對新人的父母，

所以並未引起眾人注意；等到主持婚禮的市長喊到他們的名字時，他們和老伴郎老伴娘只好很尷尬地走上前去，可以想像此時在場其他人的神情有多驚訝了！

當場參加婚禮的朋友，也是一群白髮斑斑的銀髮族，婚宴則從布置現場到晚宴菜單，都是由朋友們一手包辦的。為了迎接新人，朋友們準備了一床蚊帳，蓋住新娘的頭，讓她拖著蚊帳走進屋裡；桌面上鋪著洗得白白淨淨的床單桌巾，還擺上一只只花瓶，花瓶裡插著一束束朋友們花了一上午在鄉間小路上摘來的野花。廚房擠滿了人，七手八腳地忙著燒菜；只見熱哄哄的炊煙裊裊，菜香味混著壁爐的燒炭味，混合出一股溫暖幸福的氣味。

靠好友，辦出三星級婚宴

杯盤餐具雖然不成套、不甚齊全，可是

❶ 歡宴後還得為續攤的一群友人安排類似爬山健行之類的活動。

❷ 歡宴才剛開始，朋友之間盡情談笑，將氣氛逐漸帶入歡樂的最高峰。

❸ 炎夏時分的戶外歡宴；人手一杯，朋友相見歡。

桌上擺著都是頂級法國葡萄酒和香檳，上桌的料理全是最經典的法國菜。這群同樣也已年過半百的朋友，都是擁有多年廚藝經驗、嘴巴刁得很的老饕，提供的菜單絕對不輸米奇林三星等級的餐廳：前菜是黑松露肉醬、鹹雪魚酪泥；主菜是普羅旺斯的名菜：用一層薄片小牛柳，撒上香料，包上一層薄片牛柳，撒香料，包上一層薄片豬火腿肉，撒上香料，最後再包上一層三層臘肉，然後綁成肉團；一球球美味的肉團，加上普羅旺斯風味，用紅番茄醬燉到爛的無頭雲雀（alouette sans tête），最後還有我親手烤出來，高高疊起的法國傳統結婚糕點：「泡芙山」（pièce montée），真的是一頓精彩的婚宴美食。

在這個晚宴舞會上，銀髮族新人瘋狂扭動跳舞的熱情勁道，絕對不輸給任何20出頭的年輕小新人；而在場老朋友的歡樂笑鬧聲與歌聲之響亮，連幾十公里以外的小鎮都聽得清清楚楚！

大宴會，大排場，大大地費工夫

台灣人到了50或60大壽，通常是吃頓豬腳麵線，和家人吃些好菜，買個蛋糕切切，或者是到好一點的餐廳大吃一頓，照一堆相片，就算是慶祝了；而退休對一般人來說，更像是一件稀鬆平常的事，除了親近的家人以外，幾乎沒什麼人知道。在法國，一個整十歲的生日，或是慶祝退休，都能花上一大筆精力，勞師動眾一番。

首先，得找個好地點：至少得是個寬大的場地，能讓晚宴的舉行輕鬆順暢；讓朋友們盡情吃喝玩樂；還要能讓喝得太醉的朋友在現場過夜；讓意猶未盡的朋友得以續攤，多持續幾天的歡暢氣氛──這種熱情的慶生宴，歡樂起來，可是能持續一週以上的。再來，得思考歡宴當天提供哪一種與眾不同的特別餐食料理，並準備萬一宴會持續數天

之久所需要的食物。最後得在幾天前就先到現場布置環境，準備料理；這樣下來，所花費的精神與財力都相當可觀，得到的則是與朋友共聚一堂的歡樂時光。通常這種大型歡宴，都是幾個朋友一起合辦才會熱鬧；一次都會請到將近上百人。

法式狂歡宴寫照

例如某個夏天，就有3個朋友合辦了一個退休宴，各人請了自己30～40個朋友來參加。結果歡宴一共持續了一個星期，朋友保羅在普羅旺斯別墅的6公頃地，到處都睡了人。

我老公50歲生日的那次宴會，我們請了近百位朋友，將一個布列塔尼區小鎮的森林民宿全部包了下來，整個森林裡到處架滿帳棚；朋友們喝醉了睡、酒醒了再鬧，連續狂歡了3天3夜。

法文的「C'est la vie！」(這就是人生！)有兩種解釋；一種是無奈的嘆氣：「唉！這就是人生！」另一種是快樂的結論：「哇！這就是人生！」法國人的娛樂觀最簡單的詮釋就是後者——「及時行樂」其實就是法國人最基本的人生哲學。

歡 宴 準 備 過 程

我在法國為孩子、老公和自己舉辦過不少歡宴。幫孩子辦慶生宴的準備過程，隨著他的年齡增長，可說是越辦越順手。

記得我第一次幫他辦慶生時，他才4歲左右。因為孩子自己要求要邀請8個小朋友到家裡來，所以我幾個星期前就得先發邀請函給諸位家長，將日期預定下來(慶生宴不見得正好在生日那一天舉行，可以稍微提前或延後，通常盡量選在週末)；接著要到圖書館去找有關兒童遊戲規則的書籍，先研究一下：哪些室內遊戲可以讓一群4歲的小孩子打發一整個下午；然後買幾份小玩意兒，用可愛的包裝紙一份份包裝好，當作獎品；另外當然還要買一堆糖果點心品回家。慶生宴當天，一大早就得起來趕快做生日蛋糕、佈置家

裡，等到其他家長把孩子們一個個送過來，小朋友們的歡宴就要開始了。

一直到孩子6歲以前，慶生宴的形式都大同小異；上了小學之後，宴會中的遊戲逐漸轉變成讓他們自行創作的啟發性遊戲：例如提供大型積木、機械模型、畫畫比賽、戲劇表演等活動。9歲以後，流行「Pyjama Party」(睡衣宴)：除了準備晚餐、蛋糕、糖果、點心，以及第二天的早餐外，最主要的還是要安排他們睡覺的地方並準備睡袋。到了這個年紀，總算不必再為他們設計遊戲活動了，只要提供他們喜歡的音樂、漫畫書和可供放映的影片就行了。他上了中學以後，我總算可以鬆口氣，不必再安排慶生宴，從此就由孩子和同學們自行安排活動了。

某個暑假的週末，我決定為老公舉辦50歲的慶生宴。我們邀請了近百位朋友，因此早在半年前就已經寄出邀請函。為了解決這些客人的住宿問題，我們租下了布列塔尼地區幾乎一整座森林，包括其中兩間傳統古屋，還有一棟由馬廄改造而成的通鋪大木屋。籌備期間，在宴會開始前一個星期，我們就先租下其中一間可容納10人的古屋，邀請了幾位朋友來當幫手；經過大家一番討論，決定慶生宴當晚的菜單採中西合併式，主菜將是

一道沙茶羊肉、以及一道紅燒豬肉。

首先我們先到當地的肉商處，訂了幾十公斤的肉類、到蔬菜商處訂購蔬菜水果、麵包店訂購幾十公斤麵包、還有幾十桶生啤酒和上百公升的葡萄酒；這樣才算購足了上百人一個週末吃的食材。另外我們也準備了一些熟食，如香腸、肉醬、乳酪等，以防食物短缺；後來為了省錢，決定自己做肉醬。製作的過程：肉先去骨，加上酒和香料醃上2天，再和入其他材料絞成泥狀，半蒸半烤2小時後，得再放進冰箱裡冷藏48小時，才算完成。除此之外，我們還另外製作了蔬菜派和各式甜點，又因為天氣相當炎熱，所以還加上各式各樣的開味菜和沙拉，好提高大家的食慾。

到了宴會當天，客人陸陸續續光臨，此時住宿分配早已經安排妥當。客人一到場，由我老公親自負責招待，我擔當的則是安排餐食和飲料的重任。其他幫忙的朋友早已準備

了一些娛樂性節目，以及樂器和歌譜等等。一切齊備，有吃又有玩；整體安排鉅細靡遺、面面俱到，不用說，最後自然是完成一場暢快成功的歡宴啦！

❶ 吃完生日蛋糕，準備換上睡衣後好好地鬧上一晚。
❷ 排排坐好，一同享用分工合作做出來的美味大餐。
❸ 盛筵中的主菜──烤全豬。
❹ 在近百名好友面前演唱自己作的歌曲，將歡宴帶入高潮。

這 就 是 法 國 人
從 食 衣 住 行 育 樂 了 解 法 式 生 活

世界主題之旅
123

作　　者　陳麗伶

總 編 輯　張芳玲
編輯部主任　張焙宜
發想企劃　taiya旅遊研究室
企劃編輯　張敏慧
主責編輯　林云也
特約編輯　陳志民
封面設計　許志忠
美術設計　許志忠

國家圖書館出版品預行編目(CIP)資料

這就是法國人：從食衣住行育樂了解法式生
活／陳麗伶 作 .
——初版，——臺北市：太雅，2019 . 05
面； 公分 . ——（世界主題之旅；123）
ISBN 978-986-336-316-3（平裝）
1.社會生活 2.文化 3.遊記 4.法國
742.3　　　　　　　　　　　　108002876

太雅出版社
TEL：(02)2882-0755　FAX：(02)2882-1500
E-mail：taiya@morningstar.com.tw
郵政信箱：台北市郵政53-1291號信箱
太雅網址：http://taiya.morningstar.com.tw
購書網址：http://www.morningstar.com.tw
讀者專線：(04)2359-5819 分機230

出 版 者　太雅出版有限公司
　　　　　台北市11167劍潭路13號2樓
　　　　　行政院新聞局局版台業字第五○○四號

總 經 銷　知己圖書股份有限公司
　　　　　106台北市辛亥路一段30號9樓
　　　　　TEL：(02)2367-2044 / 2367-2047　FAX：(02)2363-5741
　　　　　407台中市西屯區工業30路1號
　　　　　TEL：(04)2359-5819 FAX：(04)2359-5493
　　　　　E-mail：service@morningstar.com.tw
　　　　　網路書店 http://www.morningstar.com.tw
　　　　　郵政劃撥 15060393(知己圖書股份有限公司)

法律顧問　陳思成律師

印　　刷　上好印刷股份有限公司　TEL：(04)2315-0280
裝　　訂　大和精緻製訂股份有限公司　TEL：(04)2311-0221

初　　版　西元2019年05月01日
定　　價　290元

(本書如有破損或缺頁，退換書請寄至：台中市西屯區工業30路1號　太雅出版倉儲部收)

ISBN 978-986-336-316-3
Published by TAIYA Publishing Co.,Ltd.
Printed in Taiwan

填線上回函，送 "好禮"

感謝你購買太雅旅遊書籍！填寫線上讀者回函，
好康多多，並可收到太雅電子報、新書及講座資訊。

好康 **1**

好康 **2**

每單數月抽10位，送珍藏版 「祝福徽章」

方法：掃QR Code，填寫線上讀者回函，
就有機會獲得珍藏版祝福徽章一份。

填修訂情報，就送精選 「好書一本」

方法：填寫線上讀者回函，並提供使用本書後的修
訂情報，經查證無誤，就送太雅精選好書一本(書
單詳見回函網站)。

＊同時享有「好康1」的抽獎機會

這就是法國人

t.cn/EIT8o8C

＊ 「好康1」及「好康2」的獲獎名單，我們會
　 於每單數月的10日公布於太雅部落格與太
　 雅愛看書粉絲團。

＊活動內容請依回函網站為準。太雅出版社保
　 留活動修改、變更、終止之權利。

太雅部落格 http://taiya.morningstar.com.tw

有 行 動 力 的 旅 行 ， 從 太 雅 出 版 社 開 始

太雅22週年慶

登錄發票，抽好禮，
首獎 CASIO 美肌運動防水相機

凡於 **2019.1.1-9.30** 期間購買太雅旅遊書籍（不限品項及數量）上網登錄發票，即可參加抽獎。

精緻好禮等你拿
登錄發票

CASIO美肌運動
防水相機
（型號：EX-FR100L）

首獎 3名

普獎 100名

M Square旅用瓶罐組
（100ml*2＋50ml*2＋圓罐*2）

掃我進活動頁面

活動時間	2019/01/01～2019/09/30
發票登入截止時間	2019/09/30 23:59
網址	taiya22.weebly.com
中獎名單公布日	2019/10/15

活動辦法

● 於活動期間內，購買太雅旅遊書籍（不限品項及數量），憑該筆購買發票至太雅22週年活動網頁，填寫個人真實資料，並將購買發票和購買明細拍照上傳，即可參加抽獎。

● 每張發票號碼限登錄乙次，即可獲得1次抽獎機會。

● 參與本抽獎之發票須為正本（不得為手開式發票），且照片中的發票上須可清楚辨識購買之太雅旅遊書，確實符合本活動設定之活動期間內，方可參加。

　*若電子發票存於載具，請務必於購買商品時告知店家印出紙本發票及明細，以便拍照上傳。

◎ 主辦單位擁有活動最終決定權，如有變更，將公布於活動網頁、太雅部落格及「太雅愛看書」粉絲專頁，恕不另行通知。